내 안의 마음습관 길들이기

一天一堂心理分析课
作者: 苏洁, 金宏素

수제 苏洁 · 진훙수 金宏素 지음

김경숙 옮김

내 안의 마음습관 길들이기

1판 1쇄 인쇄 2014년 10월 25일
1판 1쇄 발행 2014년 10월 30일

지은이 수제, 진홍수
옮긴이 김경숙
펴낸이 이윤규

펴낸곳 유아이북스
출판등록 2012년 4월 2일
주소 서울시 용산구 효창원로 64길 6
전화 (02) 704-2521
팩스 (02) 715-3536
이메일 uibooks@uibooks.co.kr

ISBN 978-89-98156-24-4 13180
CIP제어번호 CIP2014028734

값 13,500원

나는 늘 내 바깥에서 힘과 자신감을 찾았지만
그것은 언제나 내 안에 있었다.

안나 프로이트 Anna Freud

일러두기

1. 심리학 이론을 쉽게 설명하기 위해 가상의 사례를 일부 넣었습니다.

2. 중국과의 문화적 차이를 고려해 인명, 지명 등을 한국 상황에 맞게 바꾸었습니다.

인간관계는
심리전의
연속이다

'무서워하면서도 공포영화를 보는 이유는 무엇일까?'

'왜 사람들은 비싼 물건일수록 좋아할까?'

'멀쩡해 보이는 사람이 어쩌다 여자 속옷을 훔치게 됐을까?'

일상생활에서 일어나는 다양한 현상에 대해 한 번쯤은 '왜?'라는 의문을 품어본 적이 있을 것이다. 심리학자에겐 아주 간단한 문제라도 보통 사람이 그 원인을 알아내기란 쉽지 않다. 그러나 당신도 심리를 분석하는 법을 익히게 된다면 스스로 정답을 찾아낼 수 있을 것이다.

지식은 실제로 활용될 때 그 진가를 발휘한다. 이는 심리 분석도 마찬가지다. 가령 당신이 연애 중이라면 연인이 당신을 얼마나 사랑하는지 알고 싶을 때가 있을 것이다. 이때 당신은 카페에서 애인과의 커피 잔의 거리를 통해 마음을 알아낼 수 있다. 사실 우리는 일상생활 속에서 알게 모르게 심리 효과를 활용하고 있다. 처음 만난 사람의 표정, 말투, 손짓,

앉은 자세 등을 통해 우리는 그가 대충 어떤 사람인지 짐작한다. 꼭 겪어 보지 않더라도 심리 분석을 통해 상대방의 마음을 알아내 계약을 성사시키거나, 청중의 이목을 집중시킬 수 있다.

이 책은 매우 실용적인 심리서다. 생활 속에서 흔히 볼 수 있는 심리 현상을 소개하고, 사람들의 행동에 숨겨진 심리적 원인을 쉬운 언어로 해석했다. 이러한 심리분석은 자신을 발견하고 남을 이해하는 데 큰 도움을 준다. 그것이 많은 사람들이 심리학에 매력을 느끼는 이유이기도 하다. 이 책을 읽고 나면 모두들 심리학자가 되어 있을 것이라 확신한다.

Contents

Prologue　　인간관계는 심리전의 연속이다 . 6

Chapter 1　자아인식에 관한 심리 분석

그녀가 오늘도 군것질을 하는 이유 . 14
말처럼 쉽지 않은 '너 자신을 알라' . 17
타인의 충고는 한 사람의 인생을 바꾼다 . 20
남의 사생활이 궁금한 사람들 . 22
손짓몸짓이 큰 사람의 특징 . 25
힐러리 클린턴이 성공할 수밖에 없는 이유 . 27
당신이 가장 부러워해야 할 사람은 바로 당신 자신이다 . 31

Chapter 2　일상적인 행동에 대한 심리 분석

공손한 말 속에 숨겨진 심리 . 36
화를 자초하는 말실수 . 39
불평불만이 많은 완벽주의자 . 41
그는 왜 술만 마시면 전화를 하는 걸까? . 43
목소리와 말투에 드러나는 심리 . 45

Chapter 3　비정상적인 행동에 관한 심리 분석

모범생인 그가 여자 스타킹을 훔친 이유 . 50
공포영화의 거부할 수 없는 매력 . 53
불을 끄면 잠들지 못하는 사람들 . 55
불황에도 명품은 죽지 않는다 . 57
간절히 사랑하던 두 사람이 헤어진 이유는? . 60
밤에 찾아오는 공포, 가위눌림 . 62
쉽게 얻은 것은 쉽게 잃는다 . 65

Chapter 4　습관과 기호에 관한 심리 분석

열성팬은 무엇에 열광하는가? . 68
커리어우먼이 일에 빠져 사는 이유 . 71
중국을 뒤흔든 한국 드라마의 매력 . 74
인생은 한 방이다? 도박에 빠진 사람들의 심리 . 76
쇼핑으로 스트레스를 푸는 그녀들 . 79

Chapter 5　감정에 관한 심리 분석

고통에서 빨리 벗어나는 법 . 84
가슴의 불안감, 머리로 다스려라 . 86
자신감은 성공으로 향하는 첫걸음 . 89
불평할수록 행복은 멀어진다 . 92
우유부단, 사랑 앞에선 죄다 . 95
학습된 무기력에서 벗어나려면? . 98
상처를 두려워하면 당신은 영원히 성공할 수 없다 . 102

Chapter 6　신체언어에 관한 심리 분석

3초 만에 결정되는 첫인상 . 108
무언의 언어, 보디랭귀지 . 112
단편적인 신체언어로 판단하는 것은 금물 . 116
신체언어도 문화마다 다르다 . 119
자세에 드러나는 잠재의식 . 121

Contents

Chapter 7　일상생활에 숨어 있는 심리 효과

초두효과 │ 성공하는 사람은 첫인상부터 다르다 . 126
고슴도치 딜레마 │ 친할수록 적당한 거리를 두어라 . 129
조명효과 │ 왜 사람들은 나만 쳐다보는 걸까? . 132
마태효과 │ 세상은 애초부터 불공평하다 . 135
메기효과 │ 경쟁자가 있어야 성장한다 . 138

Chapter 8　바로 써먹을 수 있는 심리 효과

미소효과 │ 미소는 사람의 마음을 움직이게 한다 . 142
목표효과 │ 목표가 없으면 성취도 없다 . 145
권위효과 │ 권위자의 말에 담긴 힘 . 149
유머효과 │ 유머는 모두를 기분 좋게 한다 . 153
문간에 발 들여놓기 효과 │ 목표를 향해 한 단계씩 다가가라 . 155
헤라클레스효과 │ 증오는 더 큰 증오를 부른다 . 158

Chapter 9　심리적 오류에 관한 심리 분석

두려워 말고 자신의 판단을 믿어라 . 162
고정관념이라는 족쇄를 풀어라 . 164
유혹의 늪에 빠지는 이유 . 168
다른 사람을 쉽게 믿지 말라 . 171
내면의 두려움은 더 큰 좌절을 낳는다 . 173
과거에 대한 미련은 내일의 장애물이다 . 176

Chapter 10 표정에 드러나는 심리

눈빛에 드러나는 심리 . 180
나도 모르게 코에 손이 간다면? . 183
입의 움직임으로 나타내는 희로애락 . 186
눈썹 모양에 숨겨진 비밀 . 189

Chapter 11 손짓에 나타나는 심리

깍지 끼는 행동의 의미 . 194
사소하지만 특별한 손동작 . 197
손으로 입을 가리며 말하는 이유 . 200
손을 엉덩이 밑에 받치는 행동 . 202
손으로 머리를 쥐어뜯는 행위 . 204

Chapter 12 신체동작이 나타내는 심리

서 있는 자세에 드러나는 심리정보 . 208
앉은 자세로 알아보는 심리 . 212
절망적인 상황에서 머리를 감싸 안는 이유 . 215

Chapter 13 직장에서의 심리 분석

상사는 당신을 눈여겨보고 있다 . 218
면접관에게 자신을 어필하는 법 . 221
싫어하는 동료는 어떻게 대해야 할까? . 224
옷차림과 악수법에 숨은 심리 . 227

Contents

Chapter 14 교제 행동에 관한 심리 분석

인사법에 드러나는 개성 . 232
글씨체에 담긴 인격적 소양 . 236
선호하는 자리를 통해 심리를 알 수 있다 . 240
서로의 심리적 거리를 좁히는 법 . 244

Chapter 15 사랑에 관한 심리 분석

사랑에 질투는 꼭 필요한 것일까? . 248
물리적 거리는 곧 심리적 거리 . 252
데이트에 늦는 그의 심리 . 256
실연 후 마음을 추스르는 법 . 259

마음을 다스리는 심리학 명언 . 262

자아인식에 관한
심리 분석

자신을 제대로 알고 있는 사람은 과연 얼마나 될까? 예를 들어 당신이 사람들 앞에서 자랑하기를 좋아하거나 늘 불안함을 느낀다고 가정해보자. 당신의 잠재의식 속에는 누군가에게 털어놓기 어려운 비밀이 존재할지도 모른다. 사실 자신에 관한 것은 당사자보다는 제삼자가 객관적으로 더 잘 알 수 있는 법이기 때문에 제삼자의 관점에서 심리분석을 진행해보자.

그녀가
오늘도 군것질을
하는 이유

　　　　　군것질을 좋아하는 사람들이 많다. 특히, 여성들 중
에는 먹을 것을 손에서 놓지 못하는 사람들이 많은 듯하다. 그들은 종종
슈퍼마켓에서 간식거리를 한 보따리 사가지고 와서는 손이 닿는 곳에
놓아두고 먹고 싶을 때 먹는다. 일반적으로 이런 사람들은 외로움을 극
도로 두려워한다.

　당신도 집에서 빈둥거릴 때, 군것질로 무료함을 달랬던 경험이 있을 것
이다. 이는 사실 혼자 있는 것이 두려워서 군것질을 통해 자신에게 모종
의 위안과 보상을 가져다주는 행위에 지나지 않는다. 실제로 식욕이 만
족되면 외로움이 어느 정도 감소되기 때문에 비록 혼자라도 먹을 것만
있으면 괜찮다고 생각하게 된다. 군것질을 즐기는 사람들은 이를 통해 어
느 정도 심리적인 안정을 찾을 수는 있지만 오래 지속되면 습관이 돼버
린다. 그러면 결국, 주위에 간식거리가 없으면 안절부절못하게 된다.

　최근 4개월 동안 몸무게가 20킬로그램이나 늘어 병원을 찾은 여성이 있다. 그녀가 급격하게 살이 찌게 된 주된 원인은 바로 과도한 군것질이었다.

이 여성은 지방에 있는 대학을 졸업하고, 도시로 이사 온 지 4개월 되었다. 그 전까지는 부모님과 함께 살았고, 졸업 후에 직장이 있는 지역으로 어쩔 수 없이 온 것이다. 미래에 대해 큰 희망을 품고 있었던 그녀는 지금 이곳에서 혼자만의 생활을 시작했다.

퇴근 후 집에 돌아올 때마다 맞아주는 사람은 아무도 없었다. 그저 적막하고 어두컴컴한 텅 빈 집만이 그녀를 기다리고 있을 뿐이었고, 저녁도 스스로 준비해야 했다. 이렇게 외로운 생활을 받아들이기 힘들었던 여자는 집에 혼자 있을 때면 군것질을 하고 싶은 욕구를 참을 수가 없었다. 군것질을 하고 나면 그나마 마음이 편해졌다. 오랜 기간 이러한 악순환이 반복되자 결국에는 삼시 세끼 군것질만 하게 되었다.

그녀의 집 안 곳곳에는 각종 군것질거리가 넘쳐났다. 먹을거리를 쌓아두지 않으면 그녀는 불안감을 느꼈다. 이러한 습관은 회사에서도 계속됐다. 책상 서랍에는 늘 과자나 초콜릿이 가득했고, 먹고 싶은 충동이 밀려올 때마다 꺼내 먹었다.

그녀가 이러한 행동을 하게 된 이유는 바로 외로움 때문이다. 심리적으로 외롭고 쓸쓸하다는 느낌이 들 때, 그녀는 이를 해결할 다른 방법을 찾지 못하고 오로지 군것질로 위안을 삼았다. 때로는 폭음이나 폭식으로 이어지기도 했다.

군것질을 좋아하는 사람은 수다 떠는 것도 좋아하는데, 말을 하면 무언가를 먹고 싶은 욕구가 해소되기 때문이다.

군것질을 좋아하는 사람이나 폭음, 폭식을 하는 사람은 대부분 외로움을 두려워한다. 만약 자신이 이러한 사람이라고 생각되면 용기를 내 마음의 문을 열고, 더욱 많은 친구를 사귀도록 하라. 그래야만 외로움에서 벗어날 수 있다.

말처럼
쉽지 않은
'너 자신을 알라'

지금으로부터 2000여 년 전, 고대 그리스의 아폴로 신전 기둥에는 '너 자신을 알라'라는 말이 새겨져 있었다. 그러나 유감스럽게도 자신을 아는 것은 쉽지가 않다.

아인슈타인은 16살 때 아버지에게 다음과 같은 이야기를 들었다.

"어느 날, 나는 잭과 함께 커다란 굴뚝을 청소하러 갔단다. 굴뚝을 청소하려면 굴뚝 안에 있는 철근 사다리를 붙잡고 올라가야 했지. 그 친구가 앞서 가고 나는 그 뒤를 따라서 올라갔어. 내려올 때도 마찬가지로 그의 뒤를 따랐단다. 굴뚝을 나와 보니 잭의 몸과 얼굴에는 온통 까만 굴뚝 재가 묻어 있더구나. 분명 내 얼굴도 더러워졌을 거라는 생각에 근처 개울에서 손과 얼굴을 깨끗이 씻었지."

아인슈타인의 아버지는 이야기를 이어갔다.

"나중에 안 사실이지만 내 얼굴과 몸에는 재가 전혀 묻어있지 않았어. 내 얼굴을 본 잭은 자기도 나처럼 깨끗할 거라고 생각하고 간단하게 손만 씻고 거리로 나섰지. 거리에서 마주친 사람들은 모두 잭의 모습을 보고 배꼽이 빠져라 웃어 댔단다."

그는 진지하게 아들에게 말했다.

"다른 사람은 결코 너의 거울이 될 수 없어. 오직 자기 자신만이 거울이 될 수 있는 법이지. 다른 사람을 거울로 삼으면 바보는 자신을 천재라고 생각해버릴 수도 있단다."

우리가 진정한 자신을 알지 못하는 이유는 외부 정보의 영향을 쉽게 받기 때문이다. 마치 잭의 온몸이 더러워진 것을 보고 자기도 매우 더러울 것이라고 생각한 아인슈타인의 아버지처럼 말이다. 그러므로 진정한 자신을 알기 위해서는 타인이 아닌 바로 자기 자신을 거울로 삼아야 한다.

또 다른 이야기를 살펴보자.

잔디깎기 아르바이트를 하는 소년이 한 부인에게 전화를 걸었다.

"혹시 잔디 깎는 사람이 필요하지 않으신가요?"

전화를 받은 부인이 말했다.

"필요 없단다. 우리 집은 이미 아르바이트생을 고용했거든."

그러자 아이가 말했다.

"저는 꽃밭의 잡초까지 뽑아드려요."

부인이 미안한 듯 대답했다.

"그것도 그 아이가 잘 해줬단다."

이어서 소년이 말했다.

"저는 담장 주변에 난 풀도 깨끗하게 깎아드릴 수 있어요."

부인은 다시 한 번 자상하게 말했다.

"그것도 이미 다 했단다. 말은 고맙지만, 잔디 깎는 사람이 더 이상 필요하지 않구나."

아이가 전화를 끊자 옆에 있던 형이 영문을 모르겠다는 듯 물었다.

"네가 바로 그 부인 댁에서 잔디 깎는 아르바이트생이잖아. 도대체 왜 그런 전화를 건 거야?"

그러자 남자아이는 득의양양한 미소를 띠며 말했다.

"난 단지 내가 일을 얼마나 잘했는지 알고 싶었을 뿐이야."

소년은 자신을 고용한 부인과의 대화를 통해 자신의 능력을 더욱 잘 알게 되었다.

자신에 대한 확실한 정보를 수집하지 못하면 현명한 판단을 내리지 못하고, 결국 진정한 자신을 깨닫지 못한다. 우리는 타인으로부터 객관적인 평가를 얻기 위해 노력해야 한다.

Tip for mind

우리는 자신과 마주하는 법을 배울 필요가 있다. 자신의 결점을 무작정 숨기는 것은 현명하지 못하다. 자기 눈을 가린다고 해서 결점이 감춰지는가? 자기 자신을 확실히 알기 위해서는 장점이나 결점 모두 받아들일 줄 알아야 한다.

타인의 충고는
한 사람의
인생을 바꾼다

다른 사람의 진심어린 충고와 조언이 한 사람의 인생을 바꾸기도 한다.

하버드대 심리학 교수 다니엘 길버트Daniel Gilbert는 한 여성과 이야기를 나누게 되었다. 빼어난 용모를 자랑하는 그녀였지만 옷차림은 단정치 못했고, 머리카락은 흐트러져 있었다. 무엇보다 그녀는 자신감이 매우 부족해 보였다. 교수가 그녀에게 물었다.

"당신은 자신이 얼마나 아름다운지 알고 있나요?"

"그게 무슨 말씀이세요?"

그녀가 놀란 기색으로 물었다. 곧 여자의 눈에는 눈물이 고였다. 평소 그녀는 가족과 친구들로부터 무시를 당했기에 자신의 아름다움을 제대로 인식하지 못했던 것이다.

우리는 자아를 정확하게 인식해야만 성공적인 인생을 살 수 있다. '나는 누구인가, 내가 원하는 삶은 무엇인가'에 답하는 것이 쉬운 일은 아니지만 자아를 충분히 이해한다면 미래를 향해 나아갈 출발점을 찾을 수 있을 것이다.

미국 최고의 과학자이자 정치가였던 벤저민 프랭클린Benjamin Franklin은 젊은 시절 자부심이 대단했다. 어느 날 동료가 그를 불러내 이야기했다.

"프랭클린, 자네는 항상 자기 주장이 옳다고 밀어붙이는데, 그런 태도는 다른 사람을 난처하게 한다네. 친한 동료들마저도 자네가 없을 때가 더 편하다고 생각해. 자네가 뭐든지 다 아는 것처럼 굴고 다른 사람들을 무시하는데 함께 이야기하고 싶겠어? 서로 감정만 상하는데 말이야."

동료의 말에 충격을 받은 프랭클린은 자신을 바꾸기 위해 노력하기 시작했다. 그는 교만과 자부심으로 가득했던 성격을 조금씩 고쳤고, 마침내 저명한 과학자이자 정치가, 문학가가 되었다.

진정으로 자아를 인식하지 못하면 과도한 자부심 혹은 열등감 등 부정적인 심리가 생겨나게 되는데, 이는 인생에 악영향을 끼친다. 그러나 자아를 제대로 인식한다면 우리는 인생의 본질을 제대로 파악하고, 자신만의 가치관을 수립할 수 있다. 항상 자신의 내면을 분석하고, 자신과 깊은 대화를 나눈다면 자아인식능력이 길러질 것이다.

자아인식을 통해 발전하는 과정은 인생의 아름다운 한 부분이다. 자신감을 갖되 자만하지 말고, 일이 순조롭게 풀릴 때는 물론이고 실패해서 곤란한 지경이 되었을 때도 항상 평상심을 유지해야 한다.

남의
사생활이
궁금한 사람들

주위를 둘러보면 남의 사생활을 들춰내기 좋아하는 사람이 많다. 그들은 다른 사람의 사생활 엿보는 것을 인생의 낙으로 삼는다. 신문이나 잡지에서도 정치가나 기업가 등 유명 인사들의 사생활을 신나게 보도한다. 남의 사생활에 관심 없는 사람은 드물며, 당사자가 감추려는 비밀일수록 그 베일을 벗기고 싶은 강렬한 욕구에 사로잡히게 된다.

그렇다면 남의 사생활을 이야깃거리로 제공하는 사람과 듣는 사람의 심리적 동기는 과연 무엇일까? 회사라는 구체적인 예를 들어 분석해보자.

1. 욕구불만을 해소하기 위해

남의 사생활을 이야기하는 것은 대부분 욕구불만을 해소하기 위해서다. 그들은 업무상 상사에게 의견이 묵살되었을 수도 있고, 혹은 동료와 마찰이 생겨서 그것을 계속 마음에 담아두고 있는지도 모른다.

영리한 사람들은 다른 사람의 사생활을 폭로할 때, 개인적인 생각은 절대 입 밖에 내지 않는다. 단지 객관적으로 존재하는 사실만을 전달한다. 그들은 동료들도 특정 인물에 대해 불만을 느끼고 공격하고자 하는 욕망을 가지고 있으므로, 자신이 그 사람의 사생활을 폭로할 의무를 지닌다고 생각한다.

2. 질투심 때문에

일반적으로 비난의 대상은 상사나 부하가 아니라 동료다. 사람들은 자신의 상대가 될 수 있는 동료에게 질투를 느끼기 때문이다. 그들은 온갖 방법을 동원해서 상대방을 탐색한다. 그리고 그의 이미지를 무너뜨릴 수 있는 사건을 발견하기만 하면 이를 제멋대로 과장시킨다. 주로 상대의 사생활로 이미지를 무너뜨려 심리적인 만족감을 얻는다.

3. 비밀을 알게 되었다는 만족감을 느끼기 위해서

때로는 사생활에 대한 정보를 통해 평소 알려지지 않은 면을 파악할 수 있다. 지금껏 무섭다고만 생각했던 상사였는데 그에 관한 좋은 소문을 듣고 원래 인정미 넘치는 사람이었다는 사실을 알게 되거나, 평소에는 능력 있는 사람이라고 여겼는데 그저 평범한 사람에 불과했다는 사실을 깨닫게 되기도 한다. 사람들은 남의 비밀을 알게 되었을 때 자부심과 만족감을 느낀다.

누구에게나 남을 몰래 엿보고자 하는 욕구가 있다. 단지 흥미를 느끼는 정도가 다를 뿐이다. 우리는 마음속 깊은 곳에 존재하는 이러한 욕구를 이성적으로 억제할 필요가 있다. 사무실에 앉아서 남의 사생활에 대해 얘기할 시간이 있다면 차라리 무언가를 배우는 데 그 시간과 노력을 들이는 편이 훨씬 낫다.

손짓몸짓이
큰 사람의
특징

　　우리는 말을 할 때 자기도 모르는 사이에 손짓몸짓을 동원한다. 다른 사람이 자신이 하는 말을 완벽하게 이해하지 못한다고 생각하기 때문에 몸동작을 통해 보완하려는 것이다. 그러나 이러한 행동은 종종 다른 사람에게 이성적이지 못하고 흥분하기 쉬운 성격이라는 인상을 준다. 때에 따라서는 예의에 어긋난다는 느낌을 주기도 한다.

　어떤 사람은 전화를 할 때도 과장된 몸짓을 한다. 상대방이 보이지 않는데도 불구하고 마치 눈앞에 있는 것처럼 혼자서 신나게 손짓발짓 섞어가며 이야기를 한다. 이러한 유형은 어떤 일에 열중하기 시작하면 다른 일은 거들떠보지 않는다. 또한 승부욕이 매우 강하다. 만약 주위에 강력한 상대가 나타나면 절대 지지 않으려고 온갖 방법을 동원할 것이다.

　일반적으로 몸동작을 많이 사용하는 사람들은 업무 능력이 뛰어난 편이다. 적극적인 그들은 자신이 하고 싶은 말을 유창한 언어와 몸짓으로 다른 사람에게 능숙하게 전달한다. 직장이나 단체에서 그들은 자신이 가진 영향력을 이용해 조직을 이끌고, 적극적인 분위기를 만들어 모두를 단결시킨다.

그밖에도 이러한 유형의 사람들은 업무뿐만 아니라 다른 방면의 일도 솜씨 있게 처리한다. 그러나 이들에게도 약점은 존재하는데, 그것은 바로 어려운 일을 만나면 쉽게 나약해진다는 것이다. 그들이 실의에 빠져 있을 때는 격려의 말도 아무런 도움이 되지 않는다. 그들을 다시 일으킬 수 있는 가장 좋은 방법은 새로운 환경을 만들어주는 것이다. 완전히 새로운 환경을 만나면 그들은 자연스럽게 실패를 잊고 내면의 승부욕이 자극받아 분발하기 시작한다.

말을 할 때 손짓몸짓을 크게 하는 사람은 감정이 비교적 풍부한 편이다. 이러한 사람은 자신의 감정과 기분을 표현하는 데 급급해서 종종 타인의 감정을 소홀히 여길 때도 있다. 감정이 고조되면 자연스레 몸의 움직임이 많아지고, 기분이 좋지 않을 때는 자기도 모르게 손동작이 과장되기 시작한다. 또한 자주적인 편이기 때문에 주관이 확실치 않은 사람은 그들의 강렬한 기세에 눌리고 만다.

힐러리 클린턴이
성공할 수밖에
없는 이유

'근묵자흑近墨者黑(검은 먹을 가까이 하면 검게 물든다)'이라는 말처럼 환경은 사람에게 큰 영향을 끼친다.

1979년에 노벨 물리학상을 수상한 스티븐 와인버그Steven Weinberg는 이렇게 말했다.

"우리 학교에 일종의 인재 공생 효과가 존재했기에 나는 노벨상을 탈 수 있었다. 당시 물리학과 교수님들은 모두 대단한 분이었고, 우리가 자유롭게 사고할 수 있도록 물심양면으로 지원해주셨다. 그리고 우리는 SF 동아리 활동에 적극적으로 참여했다."

실제로 그와 같은 해에 졸업한 학생들 중 십여 명이 저명한 물리학자가 되었다.

힐러리 클린턴Hillary Rodham Clinton은 미국 전역에서 성적이 우수한 학생들이 모여 있는 웰슬리Wellesley 대학에서 공부했다. 그러나 진정한 수

재들은 웰슬리가 아닌 하버드Harvard 대학에 모여 있었다. 고등학교를 졸업할 때까지 항상 모범생으로 주위의 기대를 한 몸에 받아온 그녀였지만 웰슬리 대학에 진학하고 나서는 별다른 주목을 받지 못하는 보통 학생으로 전락해버렸다.

그녀는 좌절감을 맛보았지만 결코 무너지지 않았다. 힐러리는 하버드 학생의 공부법으로 자신을 무장하고, 웰슬리 대학에서 으뜸가는 학생이 되기로 결심했다.

그러나 하버드생들은 다른 대학의 학생들을 배척하기로 유명했다. 특히 힐러리가 들어가고자 하는 비밀공부클럽은 외부 학생을 받아들인 적이 한 번도 없었다. 그녀는 고민 끝에 클럽 멤버의 여자친구가 되기로 결심했다. 결국 하버드 대학 3학년 남학생과 사귀게 됐고, 남자친구의 친구들과도 친분을 쌓았다.

그리고 얼마 후, 그녀는 남자친구가 속해 있던 하버드 비밀공부클럽의 비정식 회원이 됐다. 하버드 학생들과 함께 지내면서 새로운 학습법 및 토론법을 배웠고, 이는 훗날 성공에 이르는 밑거름이 되었다.

힐러리는 자신을 위해 스스로 좋은 환경을 만들었다. 그녀가 생각하는 좋은 환경이란 자신보다 뛰어난 사람들과 교제하는 것이었다. 대다수의 여학생들이 자신과 비슷한 수준의 친구들과 연예인이나 남자, 패션에 대한 이야기를 나누고 있을 때, 힐러리는 하버드의 수재들과 정치, 경제, 시사 등 심도 있는 문제에 대해 격렬한 토론을 펼쳤다. 자신을 위해 좋은 환경을 만들 줄 알았던 힐러리는 성공을 향해 한걸음씩 다가갈 수 있었다.

어느 생물학자가 농장에 갔다가 닭 무리에 섞여 있는 독수리를 보았다. 그는 호기심에 농장 주인에게 물었다.

"새 중의 왕인 독수리가 어떻게 닭들과 함께 있는 겁니까?"

주인이 대답했다.

"내가 이 독수리에게 계속 닭의 사료를 먹였기 때문이지요. 이 녀석은 어릴 때부터 닭장에서 자라서 날갯짓을 할 생각을 하지 않아요. 아마도 자기가 독수리라는 걸 모르는 모양입니다."

생물학자가 말했다.

"그렇지만 어쨌든 독수리는 독수리니까, 가르치면 날 수 있을 것 같은데요."

상의 끝에, 두 사람은 독수리를 놓아주기로 했다. 그러나 첫날부터 실패. 그 다음 날도 마찬가지였다. 독수리에게 나는 방법을 가르치기 시작한 지 사흘째 되던 날, 생물학자는 독수리를 산꼭대기로 데려가 격려했다.

"너는 독수리야. 푸른 하늘과 대지를 마음껏 누리고 다녀야지. 어서 날개를 펼쳐보렴!"

그러자 기적이 일어났다. 독수리는 천천히 날개를 펴더니 하늘을 향해 날기 시작했다.

귤화위지(橘化爲枳)라는 고사성어가 있다. 이는 같은 귤이라도 남쪽 지방에서 자라면 귤이 되지만 북쪽 지방에서 자라면 탱자가 된다는 말로, 사람도 귤과 마찬가지로 주위 환경에 따라 달라진다는 뜻이다.

어떤 사람과 어울리느냐에 따라 습관이나 품성이 결정되고, 이는 평생을 좌우한다. 그러므로 자신을 성장시키려면 스스로 좋은 환경을 만들어야 한다.

우리가 생활하는 환경은 염료가 담긴 통과 같다. 형형색색의 사람들이 그 속에 들어가 같은 색으로 물들어 간다. 마음을 닦고 덕을 쌓는 환경에 있으면 우리는 그 영향을 받아 몸과 마음이 계속해서 성장한다. 반대로 무질서한 환경에 있으면 그 흐름에 휩쓸려 부정적인 영향을 받게 된다. 그러므로 자아를 성장시키기 위해서 우리는 좋은 환경을 선택해야 한다.

당신이
가장 부러워해야 할 사람은
바로 당신 자신이다

세상에 완전히 똑같은 사람은 없다. 독립적 개체인 사람들은 남들과 다른 장점을 가지고 있다. 그런데도 우리는 이유 없이 다른 사람을 부러워하고, 쓸데없는 비교만 계속하다 결국 자신을 잃고 만다. 어떤 이는 "삶에는 아름다움이 부족한 게 아니라 아름다움을 발견하는 안목이 부족한 것이다"라고 말한다. 자신을 인정하고, 자랑스럽게 여기면 당신은 완전히 새로운 '나'를 발견할 수 있을 것이다.

행복학 강의로 유명한 탈 벤 샤하르Tal Ben Shahar 교수가 어느 대학에서 강의를 할 때의 일이다. 한 학생이 그에게 물었다.

"교수님은 자신에 대해 잘 알고 계시나요?"

샤하르 교수는 속으로 '잘 알다마다. 어떻게 자기 자신을 모를 수가 있겠어?'라고 생각했다. 그렇지만 그는 "우선 집에 돌아가서 내 성격과 내면에 대해 제대로 관찰하고 이해해보도록 하죠"라고 대답했다.

집으로 돌아온 그는 거울을 꺼내 놓고 자신의 외모와 표정을 자세히 관찰하며 분석을 시작했다. 우선, 그는 반질반질하게 빛나는 대머리를 바라보았다. 그러고는 '음, 나쁘지 않군. 셰익스피어도 대머리였으니 말이야'라고 생각했다. 그런 다음 매부리코를 바라보면서 '명탐정 셜록 홈즈도 멋진 매부리코를 가지고 있지 않은가. 그는 세계 최고로 똑똑한 사람이잖아'라고 감탄했다. 또 자신의 길쭉한 얼굴을 보며 '위대한 미국의 대통령 링컨도 얼굴이 길었어'라고 생각했다. 이어서 그는 자신의 작은 키를 보며 '나폴레옹도 키가 작았는데 나도 그처럼 키가 작군'이라고 생각했다. 그리고 자신의 발을 보고는 '이럴 수가, 찰리 채플린처럼 커다란 발이군!'이라고 놀라워했다.

다음 날, 그는 학생에게 대답했다.

"훌륭하고 똑똑한 사람들의 특징이 내 몸에 전부 모여 있더군요. 난 뭐가 되도 될 사람인 것 같아요."

자신을 있는 그대로 인정하는 탈 벤 샤하르 교수는 언제나 자신감이 넘치는 사람이다. 설령 다른 사람들의 눈에는 그다지 출중한 외모가 아닐지라도 긍정적으로 생각함으로써 자신의 신체 각 부위가 훌륭한 인물들과 닮았다는 사실을 찾아냈다.

"살다보면 부러움을 느낄 만한 사람을 만나게 될 것이다. 그러나 당신이 가장 부러워해야 할 사람은 바로 당신 자신이다"라는 말이 있다. 덴마크의 물리학자 닐 보어 Niels Bohr 가 양자론을 제시했을 때, 과학계의 권위자들은 그의 이론을 부정했다. 그러나 보어는 자신감을 잃지 않고 연구에 더욱 힘썼고, 마침내 그는 노벨상을 수상하게 되었다. 이처럼 자신을 인정하면 성공으로 나아갈 수 있는 강력한 추진력이 생긴다. 그러므로 자신을 인정하는 것은 성공의 첫 번째 비결이다.

세계적으로 유명한 오케스트라 지휘자 오자와 세이지(小澤征爾)는 무명 시절 지휘자 콩쿠르에 참가한 적이 있었다. 결선에서 심사위원들이 건네준 악보대로 오케스트라를 지휘하던 그의 귀에 불협화음이 들렸다. 오케스트라가 실수를 했다고 생각한 그는 연주를 멈추게 한 다음 다시 지휘하기 시작했다. 그런데 이번에도 같은 부분에서 불협화음이 들렸다. 그는 즉시 악보에 문제가 있는 것 같다고 지적했다. 그러자 그 자리에 있던 작곡가와 심사위원들 모두 악보에는 절대 문제가 있을 리 없다고 주장했다. 음악계에서 권위가 있는 사람들의 지적을 받은 오자와 세이지는 얼굴이 빨개졌지만 단호하게 말했다.

"그렇지 않습니다. 분명 악보가 틀렸습니다!"

그의 말이 끝나자마자 심사위원들은 전부 자리에서 일어나 열렬한 박수를 보내며 그를 칭찬했다. 사실, 잘못된 악보는 심사위원들이 일부러 만들어 놓은 '함정'이었던 것이다. 끝까지 자신을 믿은 오자와는 결국 우승을 거머쥐었다.

우리는 유일무이한 존재다. 우리를 대신할 사람은 아무도 없으며, 그 누구도 우리를 얕잡아볼 수 없다. 주위를 보면 자기는 항상 동료보다 일을 못하고, 외모도 뛰어나지 않기 때문에 상사의 눈에 들지 못한다고 불평하는 사람이 있다. 그러나 사실 남의 시선을 크게 신경 쓸 필요는 없다. 자신을 인정하는 법을 배우면 분명 자신감을 다시 찾을 수 있을 것이다.

이 세상 어디에도 완전무결한 사람은 없다. 울창한 숲에 완전히 똑같은 모양을 한 잎사귀가 없는 것처럼, 우리는 모두 특별한 존재다. 타인을 부러워하는 마음과 자신에 대한 탄식을 떨쳐버리고 냉정하게 생각해보면, 다른 사람에게서 찾아볼 수 없는 특별한 점이 자신에게 얼마나 많은지 깨닫게 될 것이다.

 Tip for mind

철학자이자 시인인 니체Friedrich Wilhelm Nietzsche는 말했다.
"현명한 사람은 자신을 인식하기만 하면 아무것도 잃지 않는다."
이처럼 자신을 인정하면 자신감을 가질 수 있고, 자신의 선택에 흔들림이 없다.

일상적인 행동에 대한 심리 분석

행동주의심리학은 20세기 초 왓슨J. B. Watson이 제창한 심리학의 일파다. 이는 행동을 통해 심리를 분석하는 것으로, 프로이트의 정신분석학과 매우 대조적이다. 행동주의심리학은 주위 사람들의 행동을 관찰해 그들의 성격을 파악하는 데 도움을 준다.

공손한
말 속에
숨겨진 심리

우리는 다른 사람과 교제를 시작할 때 공손한 말을 사용한다. 서로 잘 아는 사이가 아니므로 말뿐만 아니라 행동도 조심스럽다. 그러나 어느 정도 익숙한 사이가 되면 경어를 생략하고 일상적인 말로 대화하게 된다. 더욱 친해지면 두 사람만의 암호를 사용하기도 한다. 그러므로 두 사람의 관계는 그들이 나누는 대화를 통해 짐작할 수 있다.

어느 정도 친한 관계가 되었음에도 불구하고 과도하게 공손한 말을 사용한다면 당신에게 경계심을 품고 있을 가능성이 있다. 이러한 상황이 생겨나는 원인은 매우 다양한데, 다음과 같은 몇 가지 측면에서 살펴볼 수 있다.

1. 서로 간에 벽이 생겼을 때

일본의 언어학자 가바시마 다다오樺島忠夫는 "경어는 인간관계에서 친밀감과 거리감, 신분, 세력 등을 나타낸다. 상황에 맞지 않거나 잘못된 경어를 사용하면 서로의 관계에 방해가 된다"고 말했다.

보통 가까운 사람에게는 경어를 사용하지 않는다. 그러나 친밀한 관계인데도 불구하고 상대방이 갑자기 경어를 사용하기 시작한다면 혹시 두 사람 사이에 벽이 생긴 것은 아닌가 살펴봐야 한다.

2. 당신에게 적의를 품고 있을 때

상대방이 과도하게 경어를 사용한다면 당신에게 심한 질투나 적의, 경계심을 느낀다고 할 수 있다. 예를 들어 여자가 남자에게 이야기를 할 때, 과도한 경어를 사용한다면 이는 존중이 아니라 오히려 적의에 가깝다. 그녀의 말에는 '나는 당신에게 전혀 관심이 없어요' 혹은 '난 절대 당신 같은 남자와 친해지고 싶지 않아요'라는 속뜻이 숨겨져 있다.

오랫동안 사귄 사람이 여전히 신중한 말투로 예의를 차려 말한다면 당신에게 경계심을 품고 있을 가능성이 높다.

3. 공격욕을 감추기 위해서

상대방이 부담감을 느낄 정도로 과도하게 공손한 사람의 마음속에는 종종 타인에 대한 강렬한 공격 욕구가 도사리고 있다. 그들은 어릴 때 엄격한 부모 밑에서 자라며 잘못된 예절 교육을 받았을 가능성이 크다. 보통 사람들이라면 누구나 가지고 있는 욕망을 그들은 용납하지 못한 채 죄악감을 느끼며 마음속 깊이 가둬둔다. 한편으론 갈수록 쌓여만 가는 억눌린 욕망과 감정이 언젠가 터져 나오는 것은 아닐까 두려워한다. 그렇기 때문에 그들은 과도하게 공손한 말투로 자신의 마음을 감추어 심리적인 방어를 한다.

프랑스의 작가 프랑수아 라블레는 다음과 같이 말했다.
"겉으로 드러나는 예절은 약간의 지식만 갖추면 충분히 차릴 수 있다. 그러나 내면의 도덕적 품성을 드러내기 위해서는 반드시 좋은 성품을 갖추어야 한다."

우리는 다른 사람과 교제할 때 경어를 적절히 사용해야 한다. 이는 예의의 표현이자 양호한 인간관계를 구축하는 데 도움이 된다. 그러나 과도하게 예의를 갖추고 경어를 사용하면 상대방은 당신에게 경계심을 품을지도 모른다.

Tip for mind

원활하고 즐거운 교제를 위해서는 공손한 말을 사용해야 한다. 그러나 '과유불급'이라는 말이 있듯이, 당신이 과도하게 공손한 말을 쓰면 오히려 위선적인 느낌을 주어 상대방이 경계심을 가질 수도 있다.

화를
자초하는
말실수

　　예전에 오스트리아의 하의원 의원장이 개회를 선언하는 자리에서 실수로 "회의를 마치겠습니다"라고 말한 적이 있었다. 회의가 순조롭게 진행되기 힘들 것이라고 짐작한 그는 마음속으로 '제발 이 회의가 빨리 끝났으면' 하고 생각했던 것이다. 반드시 회의를 진행해야 한다는 압박감과 회의를 빨리 끝내고 싶다는 마음이 충돌을 일으켜 자신도 모르는 사이에 말실수를 하고 만 것이다.

　　일상생활에서 자신도 모르게 말실수를 했던 경험이 누구나 있을 것이다. 말실수를 했다는 사실을 깨닫는 순간, 이를 만회하기 위한 변명거리를 찾기 시작한다. 변명을 함으로써 자신이 한 말이 진심이 아니라는 것을 드러내고자 한다. 그러나 실수로 튀어나온 말이야말로 진실한 속마음인 경우가 많다.

　　사람들은 누구나 자신의 속마음을 감추려는 심리가 있다. 마음속으로 A라는 생각을 하고 있지만 일부러 B라는 말로 내뱉는다. 이렇게 모순되

는 두 가지 생각이 마음속에서 충돌하면 자칫하다가는 진짜 생각이 입
밖으로 나와 버리게 된다. 그러므로 자주 말실수하는 사람은 반드시 조
심해야 한다.

 Tip for mind

프로이트는 말실수나 잘못 듣는 것 혹은 잘못 쓰는 등의 실수 모두 내면의 진정한 바
람이 드러난 행위라고 말했다. 타인 앞에서 무언가를 숨기고, 덮으려고 할수록 무의
식중에 들통 나기 쉽다.

불평불만이
많은
완벽주의자

　　퇴근 후, 샐러리맨들은 술을 마시면서 한도 끝도 없이 불만을 늘어놓는다. 그 대상은 대부분 상사나 부하다.

　　"우리 사장은 정말 이상해. 무슨 일이든 자기 생각대로 하려고 하지. 자기가 틀렸다는 걸 알면서도 부하들이 자기 생각을 따라주기를 바란다니까."

　　"그 녀석 정말 짜증나. 처음부터 무리라고 말했는데도 제멋대로 하는 거야. 도대체 나를 뭘로 보는 거야."

　　불만이 많은 사람은 사소한 일에도 완벽을 추구하고, 머릿속에는 늘 청사진을 그린다. 그렇기 때문에 현실과 이상에 차이가 생겨 불평불만을 늘어놓는 것이다. 일반적으로 불평을 많이 하는 사람은 이상적인 삶을 꿈꾸는 경향이 있다. 심지어 하루 종일 환상의 세계에 빠져 사느라 현실적인 문제에 대해서는 냉담한 태도를 취하는 사람도 있다.

　　이들은 자신이 실수를 하지 않는 완벽한 사람이라고 생각한다. 그들은 세상의 불합리한 일에 분개하며 만족할 줄을 모른다. 그러나 현실을 냉정하게 인식하고, 자신 또한 결코 완벽할 수 없음을 이해한다면 다른 사람에게 가혹한 요구를 하지도 않을 테고, 자연스레 불평도 줄어들 것이다.

Tip for mind

때로는 불평하는 사람들의 말에 귀를 기울여보면 어떨까? 회사의 사장이라면 부하 직원의 불평을 듣고, 회사의 문제점이 무엇인지 파악할 수 있을 것이다. 불만 중에는 단순한 푸념이 아니라 날카로운 지적도 있기 때문이다.

그는
왜 술만 마시면
전화를 하는 걸까?

　　　　술만 마시면 지인에게 전화를 걸어대는 사람이 있다. 그 이유는 다른 사람과 소통함으로써 마음속의 불만을 해소하려는 심리 때문이다. 늦은 밤, 술에 취해 목적 없이 길거리를 배회하는 사람들도 있다. 그들은 아무 관계없는 행인들에게 시비를 걸기도 하는데 이 또한 자신의 고독함을 하소연하는 행위다. 이런 사람은 사실 매우 외롭고 다른 사람의 관심을 받고 싶어 한다고 볼 수 있다.

　그렇지만 전화를 받는 사람은 입장이 난처하다. 특히 한밤중에 전화가 걸려오면 견딜 수 없이 짜증이 난다. 이들은 도대체 왜 술만 마시면 전화를 하는 걸까?

1. 외롭기 때문에

　술에 의지해 불만을 털어놓는 사람은 외로움을 많이 탄다. 보통 사람들은 뜻대로 되지 않는 일이 생기면 스스로 해결하거나 친구에게 털어놓는다. 그러나 외로운 사람들은 알코올로 생각을 마비시켜 고통을 잊으려 한다. 여럿이서 함께 술을 마셔도 그 자리에서 마음속의 고민을 털어놓지 못하고, 여기저기 전화를 걸어 답답한 마음을 털어놓는다.

2. 위로받고 싶어서

술에 취했을 때 전화를 거는 사람의 행동을 관찰해보면 타인의 관심을 원한다는 사실을 알 수 있다. 그들에게는 위로 받고 싶은 욕구가 있기 때문에 친구나 가족에게 전화를 거는 것이다.

3. 알코올로 인해 사고가 마비되었기 때문에

술에 취해 전화를 거는 행위는 비상식적인 행동이라 할 수 있다. 술에 취한 사람은 판단력이 흐려져 적절하지 않은 시간, 예를 들어 새벽 서너 시에 전화를 건다. 게다가 "나 지금 술 마시고 있는데, 당장 나와. 네가 나올 때까지 기다릴 거야"라는 등 고집을 피우기도 한다.

Tip for mind

일반적으로 사람들은 상대방이 술에 취해 전화를 하면 그의 하소연을 들어준다. 그러나 진지하게 경청하고 친절하게 위로하면 그 사람은 앞으로 술을 마실 때마다 당신에게 전화를 걸 것이다. 이러한 사람을 대하는 가장 좋은 방법은 표면적인 관계는 유지하되 너무 가까이하지 않는 것이다.

목소리와 말투에 드러나는 심리

　　일반적으로 목소리가 큰 사람은 권위적이고, 목소리가 작은 사람은 소극적인 경향이 있다. 이처럼 목소리에는 그 사람의 기운이 담겨 있다. 우리는 목소리만 듣고도 상대방의 성격과 감정을 알 수 있다.

1. 작은 목소리로 조용히 말하는 사람

　　조용한 목소리는 관계를 밀접하게 한다. 겸손하고 예의바른 사람으로 비춰져 상대방의 호감을 얻기 때문이다. 그러나 공개적인 자리에서 자신의 의견을 피력하거나 다른 사람의 의견에 반박할 때는 불리하다.

2. 나긋나긋하게 말하는 사람

　　나긋나긋한 목소리는 마치 졸졸 흐르는 시냇물처럼 편안함을 준다. 주로 부탁이나 질문, 위로를 할 때 사용한다. 남자가 이런 목소리로 말하면 너그럽고 관대한 느낌을 주고, 여자의 경우에는 부드럽고 선한 이미지로 비춰진다. 특히 자신의 감정을 토로할 때 나긋나긋한 목소리로 말하면 다른 사람의 공감을 쉽게 끌어낼 수 있다.

3. 큰소리로 당당하게 말하는 사람

사람들은 큰소리로 당당하게 이야기를 함으로써 격한 심정을 강조한다. 평소 큰소리로 이야기하는 사람은 열정적이고 호탕한 성격의 소유자일 가능성이 높다.

4. 탄식하며 말하는 사람

일반적으로 탄식하며 말하는 사람은 자신감과 용기가 부족하다.

공자가 제齊 나라를 둘러볼 때의 일이다. 어디선가 슬픈 울음소리가 들려왔다. 공자는 제자에게 말했다.

"이 울음소리에는 비록 슬픔이 묻어있기는 하지만 죽은 사람을 애도하는 곡소리는 아니구나."

공자는 마차를 멈추고 울고 있는 사람에게 이름을 물었다. 그는 구오자丘吾子라는 사람이었다.

"대관절 무슨 일이 있기에 그리 슬프게 우시오?"

그러자 구오자는 탄식하며 대답했다.

"저는 평생 세 가지 잘못을 저질렀습니다. 지금 이렇게 늙고 나니 그것이 마음에 사무쳐 울고 있습니다."

사정을 알지 못하는 공자가 다시 한 번 묻자, 그는 대답했다.

"저는 어렸을 때부터 학문을 좋아했습니다. 온 천하를 돌아다니다가 뒤늦게 고향으로 돌아와 보니 부모님이 돌아가신 뒤였습니다. 자식이 되어 부모님 생전에 효도를 못했으니 이것이 첫 번째 잘못입니다. 그리고 제나라의 신하로 몇 년을 지내면서 황제의 사치스럽고 그릇된 태도를 보고 몇 번이나 간언을 드렸으나 황제는 듣지 않으셨습니다. 끝내 황제를 돌려세우지 못했으니 이것이 두 번째 잘못입니다."

그는 슬픔에 젖은 목소리로 말을 이어갔다.

"제 평생 친구를 여럿 사귀었으나 후에 다 절교하게 되었으니 이것이 세 번째 잘못입니다. 나무는 고요하고자 하나 바람이 그치지 않고, 자식은 효도하고자 하나 부모님은 기다려주지 않는 법이지요. 시간은 흐르면 다시 돌아오지 않고, 이미 돌아가신 부모님은 더 이상 뵐 수가 없습니다. 저처럼 큰 잘못을 저지른 사람이 어찌 이 세상을 살아갈 면목이 있겠습니까?"

말을 마친 그는 물에 뛰어들어 목숨을 끊었다.

스스로 목숨을 끊을 정도의 비통함은 울음소리를 통해 드러났고, 공자는 탄식어린 울음소리를 듣고 분명 피치 못할 사정이 있으리라 짐작했다. 목소리만 듣고도 사람을 판별하는 공자의 능력을 엿볼 수 있는 대목이다.

한편, 말하는 속도도 성격을 드러낸다. 말하는 속도가 빠른 사람은 열정적이라는 인상을 주는 동시에 초조함, 혼란, 경솔한 느낌을 준다. 반면에 말하는 속도가 느린 사람은 생각이 깊고, 성실하다는 인상을 주기는 하지만, 너무 느리면 우유부단하거나 데면데면한 사람으로 보일 수 있다.

목소리나 말투로 그 사람의 성격이나 감정을 알 수 있다. 반대로 상황에 맞게 목소리와 말투를 변화시켜 원활하게 의사소통을 할 수 있다. 평소에는 나긋나긋한 목소리로 말함으로써 상대방에게 친밀감을 주면서도 회의시간에는 크고 당당하게 자신의 의견을 주장하는 것이다.

비정상적인 행동에 관한 심리 분석

우리 주위엔 이해하기 힘든 일들이 많다. 사회적으로 높은 자리에 있는 사람이 음란 행위를 해 물의를 일으키기도 하고, 여름이 되면 비명을 지르고 식은땀을 흘리면서도 공포영화를 보려고 한다. 이러한 모순적인 행동에는 반드시 심리적인 이유가 있다.

모범생인 그가
여자 스타킹을
훔친 이유

25세의 현진 씨는 친구와 함께 살고 있다. 최근에 그녀와 친구는 베란다에 널어놓은 속옷이 자꾸 없어진다는 사실을 알게 되었다. 그래서 속옷을 훔쳐가는 변태를 잡고야 말겠다고 벼르고 있었다. 며칠간의 잠복 끝에 드디어 속옷 도둑을 잡았다. 그런데 놀랍게도 범인은 고등학생이었다.

경찰에 잡혀간 남학생은 범행을 모두 자백했다. 원래 그는 성적이 우수하고 행실이 모범적인 학생이었다. 그런데 어느 날부터 여성의 속옷에 호기심이 생겼고 급기야 여성용 속옷을 직접 구입하기에 이르렀다. 그러나 이상한 눈초리로 쳐다보는 점원들의 눈길을 견디지 못해 결국 속옷을 훔치게 된 것이다.

이 남학생처럼 사람이 아닌 물건이나 특정 신체 부위 등에서 성적 만족감을 얻는 것을 '성적페티시즘Sexual fetishism'이라고 한다. 성적페티시즘이 있는 사람은 강렬한 성적 욕구와 흥분 때문에 이성이 사용한 물건을 수집한다. 대상이 되는 물건은 이성의 신체에 직접 닿았던 것, 예를 들어 브래지어나 팬티 등이다. 이를 쓰다듬으면서 자위행위를 하거나 성교 시 상대방에게 그 물건을 착용하게 함으로써 성적인 만족감을 얻는다. 성적 페티시즘은 얼마든지 교정할 수 있는 성적 심리 장애로, 나이가 어릴수록 치료가 쉽다.

전문가들은 성적페티시즘 치료와 관련해 다음과 같이 조언한다.

1. 올바른 성교육

올바른 성교육은 남성과 여성의 생리적, 심리적 차이를 확실히 인식하는 데 도움을 준다. 또한 이성에 대한 과도한 신비감을 없애준다.

2. 부모의 몸가짐

아이를 둔 부모의 경우, 자녀들 앞에서 몸가짐에 주의한다. 남자아이는 만 세 살이 지나면 같은 침대에서 재우지 말고, 아이 앞에서 속옷만 입는 행동은 삼간다.

3. 다양한 활동

학업이나 일에 관심을 쏟고, 다양한 단체 활동에 참여한다. 이는 다른 곳에 관심을 돌리기 위한 좋은 수단이 된다.

4. 스트레스 해소

과중한 스트레스를 정상적으로 풀어내지 못하면 성적 일탈 행위를 할

가능성이 높아진다. 그러므로 학업이나 일에서 스트레스를 많이 받는다
면 자신에게 맞는 스트레스 해소 방법을 찾도록 해야 한다.

Tip for mind

성적페티시즘은 일종의 성적 기호 장애로, 그 원인은 매우 복잡하다. 이는 개인의 성
장환경, 사회문화적 환경, 스트레스, 잘못된 성교육 등과 관련이 있다. 성적페티시즘
을 극복하기 위해서는 올바른 가치관을 수립하고, 학업이나 일, 사회 활동에 적극적
으로 참가해 잠재능력을 발휘함으로써 한 차원 높은 단계의 심리적 만족을 얻는 것
이 중요하다.

공포영화의
거부할 수 없는
매력

　여름이면 기다렸다는 듯 극장가에 공포물이 쏟아진다. 공포영화는 무섭기는 하지만 거부할 수 없는 매력이 있다. 그렇기 때문에 많은 사람이 식은땀을 흘리고, 비명을 지르면서도 계속 보게 되는 것이다. 공포영화의 매력은 도대체 무엇일까?

　공포영화는 볼 때는 가슴이 두근거리고 긴장되지만 끝까지 보고 나면 속이 후련해진다. 한 공포 영화 감독의 말에 따르면 영화를 보는 동안에는 소리를 지르며 공포에 떨지만, 극장을 나서면서 '그래도 현실은 영화보다 안전하잖아'라는 만족감을 얻는다는 것이다.

　공포영화의 심리적 장치에는 어떤 것들이 있을까? 공포영화에 자주 등장하는 어둠, 외로움, 큰소리가 바로 공포감을 느끼는 원인이다.

　지금 당신이 창문이 없는 어두운 방에 갇혀 있다고 가정해보자. 당신은 분명 공포에 사로잡힐 것이다. 아무리 강한 사람이라도 어둠 속에서는 두려움을 느끼기 마련이다. 어둠 속에 있으면 우리는 자신과 주위 환경에 대한 통제력을 잃고, 죽음에 대한 걱정을 하게 된다.

마찬가지로 외로움도 공포를 느끼게 한다. 이 세상에 혼자 남겨졌다는 생각이 공포심을 부르기 때문이다.

또한 큰소리는 청각을 자극해서 공포감을 조성한다. 그렇기 때문에 공포영화의 음향효과가 일반영화와 다른 것이다.

공포영화는 현실이 아니므로 단순히 즐기기만 하면 그만이다. 그러나 실제로 두려운 문제가 생겼을 때, 우리는 어떻게 대처해야 할까? 심리학적인 측면에서 볼 때 공포는 어떤 상황에서 벗어나고 싶지만 그럴 수 없을 때 생기는 감정이다. 그러므로 자신이 두려움을 느끼는 상황에서 벗어나려고 노력하거나 그 상황을 자연스럽게 받아들이는 것이 중요하다.

설령 미지의 영역에 들어섰다 해도 겁부터 먹지 말고 일단 부딪쳐보자. 지금껏 경험하지 못한 일을 한 번에 잘해낼 수는 없다. 나는 안 된다고 생각하는 사람은 어려움이나 좌절을 만났을 때 늘 자신을 위한 변명을 찾는다. 이는 자신을 패배하게 만드는 강력한 무기나 마찬가지다. 반면에 할 수 있다고 말하는 사람은 두려움을 극복하고 원하는 것을 얻어낸다.

자신에게 닥친 현실이 아무리 무서워도 공포영화보다는 안전하다.

우리는 늘 수많은 두려움을 안고 살아간다. 그렇다고 해서 위축되거나 뒷걸음질 친다면 원하는 인생을 살 수 없다. 그러므로 용기를 갖고 '나는 할 수 있다'고 외쳐보자.

불을 끄면
잠들지 못하는
사람들

우현 씨는 대학 신입생으로 활기찬 대학 생활을 하고 있다. 그런 그에게 딱 하나 고민이 있는데 그것은 밤에 불을 끄고 자지 못한다는 것이다. 밤이 되면 손전등을 켜고 잠을 자기 때문에 룸메이트가 불편해했다.

그는 고민 끝에 정신과를 찾아갔다. 의사가 유도하는 대로 우현 씨는 마음속에 담아둔 이야기를 털어놓았다. 그가 어렸을 때, 이웃집 지하실에서 한 쌍의 남녀가 동반 자살을 했다. 그 후로 어두운 곳에 있으면 지하실이 떠올라서 온몸에 소름이 돋곤 했다.

이러한 공포는 대부분 유년기에 형성된다. 무서운 이야기를 들은 아이들의 마음속에는 귀신이나 악마가 어둠속에서 나타난다는 일종의 심리 법칙이 형성된다. 그래서 불을 끄면 잠들지 못하는 것이다. 또한 주위가 어두울 때 무서운 일을 겪거나 어두운 밤에 악몽을 꾸고 이를 제때 극복하지 못했을 때도 어둠에 대한 공포가 생겨나게 된다.

그렇다면 불을 끄고 잠들지 못하는 증상은 어떻게 치료할 수 있을까?

1. 인식의 변화

불을 끄고 잠들지 못하는 사람에게 이 세상에 귀신이나 악마 따위는 존재하지 않으며, 그것은 단지 환상에 불과하다는 인식을 심어준다. 공포를 느끼게 한 상황을 안전한 환경에서 재현하는 것도 잠재의식 속에 존재하는 공포감을 해소하는 데 도움이 된다.

2. 단계 요법

어둠에 대해 느끼는 공포의 정도에 따라 등급표를 만든다. 그런 다음 단계적으로 공포에서 벗어나는 훈련을 진행한다.

우선 여러 사람이 불을 끄고 이야기를 나누는 단계부터 시작한다. 그런 다음 여러 사람이 불을 끄고 조용히 앉아 있는 단계, 다음으로 두 사람이 함께 불을 끄고 자는 단계, 그 다음으로 본인 혼자 불을 끄고 조용히 앉아 있는 단계, 마지막으로 혼자 불을 끄고 잠자는 단계에 이르도록 한다.

밤에 불을 끄고 자지 못하는 것은 심리적인 질병이다. 어둠에 대한 공포는 대부분 유년기에 형성되는데 본인의 의지만 있다면 충분히 치료할 수 있다.

불황에도
명품은
죽지 않는다

어느 가게 판매원이 상품이 잘 팔리지 않아 걱정스러워하며 매니저와 이야기를 나누고 있었다. 그때 매니저가 밖에서 돌을 하나 주워와 물었다.

"이 돌에 과연 얼마의 가격을 매길 수 있을까요?"

판매원은 돌을 살펴보며 말했다.

"기껏해야 몇백 원 정도겠죠."

매니저는 웃으며 말했다.

"나는 이 돌을 8백만 원에 팔 수 있을 것 같은데요."

판매원은 놀라서 물었다.

"어떻게요?"

매니저는 득의양양하게 말했다.

"제가 가르쳐주는 대로만 해보세요."

다음 날, 판매원은 그 돌을 가지고 시장에 갔다. 처음에는 아무도 관심을 갖지 않았지만 시간이 지나자 호기심을 느낀 사람들이 주위에 몰려들었다. 매니저가 시킨 대로 판매원은 이 돌을 8천 원에 팔겠다고 말했다. 오후에 좌판을 정리하고 있는데 뜻밖에도 8천 원에 돌을 사겠다는 사람이 나타났다. 그러나 판매원은 매니저가 당부한 대로 돌을 팔지 않았다.

그 다음 날, 판매원은 돌을 가지고 다시 시장에 나갔다. 자그마치 8만 원이라는 가격을 붙였는데, 놀랍게도 사겠다는 사람이 나타났다. 그러나 이번에도 그는 돌을 팔지 않았다. 그 다음 날에는 보석시장에 갔는데 돌을 꺼내자 사람들이 벌떼처럼 몰려들었다. 사람들은 모두 그 돌을 진귀한 보석이라고 생각했다. 그리고 급기야 8백만 원에 사겠다는 사람이 나타났다.

판매원은 돌을 팔아버리고 매니저를 찾아갔다. 매니저는 말했다.

"사실 상품이 얼마나 잘 팔리느냐는 얼마나 높은 가격을 매기느냐에 달렸지요."

이처럼 가격이 오르는데도 일부 계층의 과시욕이나 허영심 등으로 인해 수요가 줄어들지 않는 현상을 '베블런효과'라고 한다. 미국의 사회학자인 베블런Thorstein Bunde Veblen이 제시한 이론으로 그는 상류층 사람들은 자신의 성공을 과시하고, 허영심을 만족시키기 위해 사치를 일삼는다고 꼬집었다.

값비싼 귀금속류나 고가의 자동차 등은 경제 상황이 악화되어도 수요가 줄지 않는다. 이러한 소비는 물질적인 편리함이나 즐거움이 아니라 심리적인 만족을 얻기 위해서다. 고급 승용차로 높은 지위를 드러내고, 명화 수집으로 고상한 취미를 드러내는 등 자기를 과시하는 것이다. 고가의 제품을 사용함으로써 사람들의 주목을 끌고 싶어 하는 소비 행동을 '과시적 소비'라고 부른다. 사람에 따라서는 지위를 과시하는 사람도 있고, 재능이나 돈을 과시하는 사람도 있다.

사회와 경제가 발전함에 따라 수량이나 질량을 추구하는 소비에서 품격을 추구하는 소비로 전환되고 있다. 소비자가 이렇게 감성적인 소비를 할 때 베블런효과는 극에 달한다. 우리는 남에게 과시하려는 욕심을 버리고 자신에게 정말 필요한 물건을 사는 소비습관을 길러야 한다.

상류 계층이 부를 과시하기 위해 비싼 상품을 소비한다면, 한 단계 낮은 계층은 이를 모방하는 소비를 한다. 이들은 상품의 품질과는 상관없이 상류층이 소비하는 비싼 상품은 무리를 해서라도 따라 산다. 현명한 소비를 위해서는 과시욕과 모방 본능을 최대한 없애야 한다.

간절히 사랑하던
두 사람이
헤어진 이유는?

혜승 씨와 기철 씨는 같은 대학에서 공부했다. 혜승 씨는 유복한 가정환경에서 풍족하게 자란 반면, 기철 씨는 가난한 시골 출신이었다. 그러나 그는 가정환경 때문에 열등감을 느낀 적은 한 번도 없었다.

기철 씨는 로맨틱한 이벤트를 잘했다. 대학교 2학년 때 생활비를 아껴 모은 돈으로 장미와 초를 샀다. 그리고 여자친구의 기숙사 앞에 초로 'I LOVE YOU'라는 글자를 만든 다음, 노래를 부르며 사랑 고백을 했다. 혜승 씨는 그의 애정 공세에 넘어가지 않을 수 없었다.

어느 덧 그들은 졸업을 했고, 각자 중견 기업에 무난히 입사했다. 그러나 늘 넉넉지 못한 생활을 걱정해야 했고, 남자는 더 이상 로맨틱한 이벤트를 연출할 여유가 없었다. 그러나 전과 다름없이 철이 없는 혜승 씨는 남자친구가 자신을 위해 이벤트를 열어주기 바랐다. 그녀가 더 이상 자신을 사랑하지 않는다고 불만을 늘어놓을수록 기철 씨는 그녀에게 아무것도 해줄 수 없는 자신이 한심스럽게 느껴졌다. 마음 붙일 곳이 없어진 그는 밤마다 놀러 다니는 생활에 빠졌고, 항상 술에 취해 집으로 돌아왔다. 어긋날 대로 어긋난 두 사람은 결국 헤어지게 되었다.

로맨틱한 이벤트를 통해 연인들은 서로의 사랑을 확인한다. 그렇지만 로맨틱한 이벤트를 공짜로 할 수는 없는 법. 대부분의 이벤트에는 큰 비용이 든다.

소위 로맨틱한 이벤트란 멋지게 치장을 하고 비싼 음식을 즐기는 데이트라고 생각하는 사람들이 많다. 그러나 사실 이는 잘못된 생각이다. 로맨틱한 감정은 딱히 정해진 형식이 있는 게 아니라 각자 나름대로의 기준으로 즐기는 것이다. 예를 들어, 결혼한 지 오래된 부부에게는 가끔씩 러브레터를 주고받는 것도 로맨틱하고, 밥을 먹을 때 서로 반찬을 집어주는 것도 낭만적이다. 심지어 잠자리에 들 때 잘 자라는 인사를 하는 것조차도 로맨틱하게 느껴질 수 있다.

로맨틱한 이벤트만을 추구하는 사랑은 결코 오래가지 못한다. 긴 세월 동안 시련을 견뎌 열매를 맺고, 그윽한 향기를 풍기는 사랑이야말로 진정한 사랑이라 할 수 있다.

Tip for mind

우리는 누구나 로맨틱한 이벤트를 바란다. 물론 이벤트는 무미건조한 일상에 신선함을 더해주지만, 과도한 바람은 상대방에게 부담이 된다. 그러므로 억지로 강요하지 말고, 가끔씩 즐기는 사치품 같은 것이라고 생각하자.

밤에
찾아오는 공포,
가위눌림

어느 날 아침, 현주 씨는 사무실 동료들에게 말했다.

"어젯밤엔 정말 무서워 죽는 줄 알았어."

그녀는 아직도 두려운 마음을 떨쳐버리지 못한 채 말을 이어갔다.

"깨어 있는 게 분명한데 몸이 전혀 움직이지 않는 거야. 옆에서 자고 있는 남편을 부르려고 했지만 목소리도 안 나오더라구."

이때, 한 동료가 그녀에게 말했다.

"그건 가위에 눌린 거야. 나도 전에 그런 적이 있었어."

누구나 한 번쯤 가위에 눌린 경험이 있을 것이다. 가위눌림은 심령현상일까 아니면 심리적인 현상일까? 가위눌림이란 잠을 잘 때 의식은 있는데 몸이 움직이지 않는 상태를 말한다. 무언가에 눌린 것 같은 느낌 때문에 가위에 눌린다고 표현하는 것이다. 현대 의학에서는 가위눌림을 일종의 수면마비sleep paralysis로 본다.

가위에 눌렸을 때 본인은 자신이 깨어있는 상태라고 느낀다. 주위의 소리를 들을 수 있고, 볼 수도 있지만 몸이 움직이지 않는다. 목소리도 나오지 않고 때로는 환각을 경험하기도 한다. 이때 사람들은 대부분 두려움을 느끼게 되는데, 다행히도 수분 이내에 천천히 혹은 갑자기 사지의 움직임이 회복된다. 가위에 눌렸을 때의 공포 때문에 사람들은 깨어난 후에도 두려움을 느낀다.

과학자들은 가위눌림이 스트레스와 관련이 있고, 특히 젊은 층에서 많이 발생한다는 사실을 밝혀냈다. 가위눌림을 자주 겪는 사람들은 스트레스를 많이 받고, 생활이 불규칙적이다. 이는 모두 수면마비증을 일으키는 원인이 된다.

가위에 눌렸을 때 다음과 같은 방법을 사용하면 근육의 힘을 빠르게 회복할 수 있다.

우선 재빨리 눈을 움직여보자. 원을 그리듯이 돌리고 상하좌우로 움직인다. 그런 다음 눈을 깜박거리면서 입 주변의 근육을 수축시킨다. 턱과 혀를 움직이고, 근육에 어느 정도 힘이 들어가면 목, 어깨, 손, 손가락, 다리, 발목, 발가락 순으로 움직여보자.

가위눌림을 피하고 편안한 수면을 취하기 위한 방법은 다음과 같다.

1. 잠자리에 들기 직전에 음식을 먹지 않는다

잠자리에 들기 직전에 음식을 먹으면 위장 등이 바빠지기 시작한다. 이는 수면에 영향을 끼칠 뿐만 아니라 건강에도 좋지 않다.

2. 잠자리에 들기 전에 과도하게 뇌를 사용하지 않는다

잠자리에 들기 전에 복잡한 생각을 하거나 중요한 업무를 처리하면 대뇌가 과도한 흥분 상태에 놓여서 쉽게 잠들지 못한다.

3. 잠자리에 들기 전에 커피를 마시지 않는다

카페인은 뇌를 흥분시키는 작용을 한다. 카페인이 많이 함유된 음료인 커피, 녹차, 홍차 등은 수면을 방해한다.

4. 오랫동안 누워있지 않는다

한방에서는 오래 누워있으면 기력을 잃는다고 한다. 너무 많이 자면 머리가 어지럽고 힘이 없으며, 활기를 잃고 식욕이 감퇴한다. 기력이 없으면 가위에 쉽게 눌린다.

5. 바람을 맞으며 자지 않는다

방의 공기가 잘 통하게 하되 바람이 직접적으로 몸에 닿지 않게 한다. 몸이 불편하면 가위에 눌리기 쉽다.

Tip for mind

미국의 한 연구 보고에 의하면 평생 동안 가위눌림을 적어도 한 번 이상 경험하는 사람의 비율이 40~50퍼센트가 된다고 한다. 미국인이 무려 절반이나 경험하는 흔한 증상이므로 가위눌림을 겪었다고 해서 초조하고 불안해할 필요는 없다. 수면장애의 본질을 이해하고 치료하기 위해 노력하면 편안한 잠을 잘 수 있을 것이다.

쉽게
얻은 것은
쉽게 잃는다

　　우리는 고생을 해서 번 돈은 천 원 한 장이라도 신중하게 쓰지만 뜻밖에 들어온 큰돈은 조금도 주저하지 않고 써버리곤 한다. 사람들은 좀처럼 손에 들어오지 않는 것을 소중하게 여기고, 쉽게 얻을 수 있는 것일수록 가볍게 여기는 경향이 있다. 사랑도 마찬가지다. 쉽게 얻은 사랑이나 자기가 주도권을 쥐고 마음대로 할 수 있는 사랑은 그만큼 버리기도 쉽다.

　좋아하는 사람이 생기면 그 사람을 원하게 되는 것은 당연한 이치다. 사랑을 얻는 과정이 힘들수록 더욱 그 사람이 소중하게 생각된다. 드라마나 소설을 보면 남녀 주인공은 늘 온갖 시련을 겪다가 마지막에 가서야 해피엔딩을 맞는다. 만약 그들이 아무 시련 없이 처음부터 함께 할 수 있었다면 과연 감동적이겠는가? 좌절을 겪지 않고 순조롭게 사랑을 얻으면 행복을 당연하다 여기게 된다. 우리는 사랑을 할 때 '쉽게 얻은 것은 쉽게 잃는다'는 사실을 기억해야 한다. 밀고 당기는 기술을 익혀야 상대방도 당신을 소중히 여기게 될 것이다.

원숭이 조련사들은 원숭이에게 순순히 먹이를 주지 않는다. 그들은 먹이를 나무 구멍 안에 넣는 등 원숭이가 꺼내기 어려운 곳에 숨겨둔다. 그러면 원숭이는 어떻게 하면 먹이를 꺼낼 수 있을지 열심히 머리를 굴리다가 결국 나뭇가지를 사용해 구멍 속의 먹이를 꺼내는 법을 알게 된다.

조련사들의 말에 의하면 원숭이는 쉽게 손에 들어온 먹이에는 흥미를 느끼지 않는다고 한다. 눈앞에 먹이를 가져다주어도 전혀 먹으려고 하지 않기 때문에 나무 구멍 속에 감춰둔다는 것이다.

당신의 마음을 설레게 하는 사람을 만났을 때, 너무 조급해 하지 말라. 적극적인 당신의 태도를 보고 상대방은 도전하려는 마음을 잃고, 당신을 소중히 여기지 않을 것이다. 반면 적당히 거리를 두고, 감정을 조금만 억제하면 상대방의 감정을 자극할 수 있다.

당신의 일방적인 희생과 사랑은 상대방에게 당연한 것으로 전락해버린다는 사실을 기억하라.

당신을 소중하게 여길 줄 모르는 사람을 목숨 바쳐 사랑할 필요는 없다. 당신이 기꺼이 희생을 감수하면 그는 그것이 당연하다고 여긴다. 그러므로 자신을 위한 사랑을 남겨 두고, 자신의 가치를 높이도록 하자. 당신의 가치가 높아지면, 훨씬 더 열정적이고 달콤한 사랑을 맛볼 수 있다.

Chapter

4

습관과 기호에 관한
심리 분석

사람들은 저마다 다양한 습관과 기호를 가지고 있다. 담배와 술을 즐기는 사람도 있고, 스타를 쫓아다니거나 쇼핑을 좋아하는 사람도 있다. 그러나 알코올중독, 쇼핑중독, 스타의 사생활을 침해하는 열성팬처럼 너무 깊이 빠지면 스스로에게 독이 되는 경우도 있다. 무엇이든 적당히 즐기고 도를 넘지 않도록 자신을 컨트롤해야 한다.

열성팬은
무엇에
열광하는가?

누구나 스타를 동경한다. 좋아하는 가수의 앨범을 사고, 그의 공연을 보러간다. 그러나 뭐든 도가 지나치면 화를 부른다.

팬 중에는 스타의 일거수일투족을 감시하는 이들이 있다. 그들은 좋아하는 연예인의 승용차를 택시로 따라다니는 것도 모자라 숙소까지 침입한다. 한 극성팬은 스타를 따라다니는 데 택시비만 한 달에 몇백만 원이 든다고 한다. 이러한 열성팬에게는 대체 어떠한 심리가 숨겨져 있는 것일까?

1. 동경심리

열성팬이 좋아하는 연예인은 외모가 뛰어나고 스타일이 좋다. 스포츠 스타의 경우에는 실력이 뛰어나고 경기를 압도하는 카리스마가 있다. 청소년들은 이런 점에 부러움을 느끼고 동경하는 것이다.

2. 군중심리

주위 사람들이 연예인을 좋아하면 연예인에 그다지 흥미가 없던 사람도 그 영향을 받아 덩달아 좋아하게 된다.

3. 유행심리

연예인을 좋아하는 것은 젊은이들 사이의 유행이다. 별다른 이유가 있어서 연예인을 좋아하는 것이 아니라, 그저 유행을 따르는 것뿐이다.

사람에게는 목표가 필요하다. 특히 젊은이들이 목표를 세울 때는 롤모델이 매우 중요하다. 영국의 한 연구에서는 유명인을 롤모델로 삼는 것이 개인의 성장에 중요한 영향을 미친다는 사실이 밝혀졌다. 그 연구에서는 연예인을 좋아하는 십대 청소년들은 감정을 잘 조절하고, 비교적 좋은 인간관계를 유지하는데, 이는 그들이 좋아하는 연예인으로부터 긍정적인 영향을 받았기 때문이라고 한다.

그러나 연예인을 좋아할 때도 분명한 이유와 목적이 있어야 한다. 연예인을 좋아하는 동시에 그 사람의 장점을 배워야 한다. 많은 스타들이 유명해질 수 있었던 이유는 성공을 위해 피땀 흘려 노력했기 때문이다. 이러한 스타들의 장점과 노력은 배울 만한 가치가 있다.

경험론의 선구자라 불리는 베이컨Francis Bacon은 "사람이 과도하게 외적인 미를 추구하면 내적인 미를 포기하게 된다"고 했다. 사람들 대부분은 연예인의 준수한 외모에 이끌려 그들의 옷차림이나 헤어스타일을 따라한다. 그러나 진정한 아름다움은 외모가 아닌 내면의 아름다움이라는 사실을 깨달아야 한다.

스타를 동경하는 것은 건강한 현상이다. 그러나 동경하는 데에는 명확한 이유가 있어야 한다. 외모보다 내면의 아름다움에 가치를 두어야 하며, 좋아하는 데 도가 지나쳐서는 안 된다.

스타를 좋아하는 열성팬은 대부분 유행을 따르는 젊은이다. 연예인을 동경하는 것 자체는 문제가 없다. 단, 맹목적으로 연예인을 쫓아다니지 말고 그들을 좋아하는 분명한 이유와 목적을 가져야 한다.

커리어우먼이
일에 빠져 사는
이유

　　소영 씨는 잘나가는 요식업체 사장이다. 현재 그녀는 대부분의 시간을 일에 쏟아 붓고 있다. 레스토랑을 운영하는 것뿐만 아니라 그릇의 청결 상태까지 직접 관리한다. 부모님이 일은 힘들지 않느냐고 물을 때마다 그녀는 전혀 힘들지 않다고 시원스레 대답한다. 사실 부모님은 딸의 성공보다 결혼을 더욱 바라고 있다. 그러나 결혼 얘기를 꺼낼 때마다 소영 씨는 얼렁뚱땅 넘겨버린다.

　6년 전, 그녀는 한 음식점의 종업원이었다. 당시 회사에 다니던 남자친구와 1년 째 교제 중이었다. 소영 씨의 매력적인 미소에 반해 먼저 고백했던 남자친구가 어느 날 갑자기 헤어지자고 이별 선언을 했다. 깜짝 놀란 그녀가 이유를 묻자 그는 이렇게 대답했다.

　"우리 부모님이 음식점에서 일하는 사람과 사귀는 걸 허락 못 하시겠대."

　소영 씨는 정신이 번쩍 들었다.

　'그래, 이게 바로 현실이구나.'

그녀는 속으로 결심했다. 훗날 나만의 사업을 일으켜 다른 사람이 얕잡아 볼 수 없게 만들겠다고. 소영 씨는 3년 동안 악착같이 돈을 모았고, 개업 준비에만 꼬박 1년이 걸렸다. 그녀를 따라다니는 남자들은 많았지만 소영 씨는 그들이 자신의 재산을 보고 접근한다고 생각했다. 그래서 남자를 멀리하고, 자신의 모든 힘을 일에 쏟아 부었다.

주위를 보면 소영 씨 같은 커리어우먼이 많다. 그들 중에는 사랑이나 가정보다 일과 성공을 더 중요하게 생각하는 사람도 있다. 그렇다면 커리어우먼이 일과 성공을 추구하는 이유는 무엇일까?

미국의 심리학자 매슬로 Abraham H. Maslow는 사람의 욕구를 생리적 욕구, 안전의 욕구, 사회적 욕구, 존중의 욕구, 자아실현의 욕구 등 5단계로 나눈 욕구단계이론을 제시했다. 일에 대한 욕심은 가장 높은 단계인 자아실현 욕구에 속한다. 고차원적인 욕구는 사람을 끊임없이 진보하게 하고, 사회로부터 인정받게 한다. 일에서 성공을 거둔 다는 것은 사회적으로 인정을 받는다는 것이기 때문에 소영 씨 역시 반드시 사업에서 성공하리라 맹세한 것이다.

커리어우먼이 일에 빠져 있는 또 다른 이유는 바로 사랑에 좌절을 겪었기 때문이다. 사랑에 대한 막연한 두려움 때문에 그들은 연애를 하는 대신 일에 매달린다.

일로써 성공하는 것은 멋진 일이다. 하지만 그것이 지나쳐 워커홀릭이 되는 것은 위험하다. 일과 사랑, 취미 생활이 균형을 이룰 때 진정으로 멋진 여성이라 할 수 있다.

 Tip for mind

누구든지 일을 사랑하되 일과 삶의 균형을 잘 잡아야 한다. 한 사람의 가치는 일로써 만 실현된다고는 할 수 없기 때문이다. 인생을 즐길 줄 아는 사람이 진정 행복하다고 할 수 있다.

중국을 뒤흔든
한국 드라마의
매력

중국에서 한국 드라마가 열풍을 일으키고 있다. 중국인 샤오링 씨도 요즘 한국 드라마에 푹 빠져 있다. 그녀는 〈시티헌터〉를 가장 좋아하는데 매회 감상하고 난 뒤에는 블로그에 감상소감을 올릴 정도다. 그녀는 이렇게 말한다.

"남자주인공이 너무 멋져요. 결말이 기대돼요."

어느 조사에 의하면 한국 트렌디드라마를 시청하는 중국인 중 여성이 70퍼센트를 차지하고, 그중 서른 살 이하가 50퍼센트를 차지한다고 한다. 샤오링과 같은 여대생은 한국 드라마의 주요 시청자 층이다. 이들은 남자주인공과 서브주인공에 대해 열띤 토론을 벌인다. 남자주인공은 여자주인공의 사랑을 받고, 서브주인공은 시청자의 사랑을 받는다는 말이 나올 정도다.

한국 드라마 붐은 중국 여대생들의 행동에 변화를 가져오기도 했다.

발음은 어색하지만 자신보다 약간 나이가 많은 남자를 '오빠', 연배가 있는 남성을 '아저씨'라고 부르는 것이다. 옷차림은 드라마에 나오는 한국 스타일을 따라한다.

이렇게 중국의 여성들이 한국 드라마를 좋아하는 가장 큰 이유는 그것이 표현해내는 논리, 감정, 표현 방식이 여성들의 심리적 욕구에 부합하기 때문이다. 현실에서의 사랑은 복잡하고 여러 가지 제약을 무시할 수 없다. 그러나 한국 드라마 속의 사랑은 매우 순수하고, 남녀주인공은 끝까지 이를 지켜나간다. 여주인공은 항상 청순가련형이고 남자주인공은 돈이 많은 꽃미남이다. 그리고 두 사람의 사랑은 언제나 죽음 혹은 집안의 반대 등의 시련을 겪는다. 이런 요소가 많은 여성에게 감동을 주고 사랑을 믿게 만든다.

그러나 한편에서는 우려의 목소리도 적지 않다. 백마 탄 왕자님에 대한 막연한 환상을 갖는 것도 문제고, 지나치게 드라마에 빠지는 것은 좋지 않기 때문이다.

Tip for mind

한국 드라마가 중국 여성들에게 사랑을 받는 이유는 신데렐라 스토리가 대리만족을 주기 때문이다. 또한 준수한 외모의 남녀주인공을 보며 즐거움을 얻을 수 있고, 기승전결이 뚜렷한 줄거리가 시청자들을 매료시키기 때문이다.

인생은 한 방이다?
도박에 빠진
사람들의 심리

　　　　　　대학교 2학년인 수연 씨는 대학에 입학한 뒤로 종
종 도박에 손을 대 몇백만 원의 노름빚을 지고 말았다. 채권자는 계속해
서 독촉을 해왔다. 그러나 그녀는 이러한 사정을 부모님에게 이야기할 수
없었다.

　궁지에 몰린 수연 씨는 외숙모를 위협해 돈을 뜯어낼 생각으로 그녀의
집으로 향했다. 수연 씨는 살기등등한 기세로 무방비 상태인 외숙모와 3
살짜리 사촌동생에게 칼을 들이댔다. 외숙모가 소리를 지르며 저항하자
당황한 수연 씨는 황급히 도망쳤고, 며칠 뒤 경찰에게 체포되었다. 설마
여대생이 노름빚 때문에 친척에게 위해를 가하리라고는 아무도 생각하
지 못했다.

　모름지기 사람은 도박을 멀리 해야 한다. 도박은 심신의 건강을 해치
고, 범죄를 일으키는 재앙의 근원이다. 그렇다면 도박에 빠진 사람들의

심리는 과연 어떠한가?

어떤 노름꾼이 도박을 하다가 경찰에게 체포됐다. 당시 그가 소지하고 있던 금액은 단돈 천 원이었다. 경찰이 물었다.

"달랑 천 원 밖에 없는 사람이 무슨 도박을 합니까?"

노름꾼은 득의양양하게 대답했다.

"경찰 양반, 뭘 모르시네. 천 원이라고 얕잡아 보지 마시오. 난 이 돈으로 집을 살 수도 있소."

그의 말을 들은 경찰이 어이가 없다는 듯 웃자 노름꾼이 말했다.

"천 원으로 한 번 대박이 터지면 4만 원이 되고, 두 번 대박이 터지면 160만 원이 된다오. 세 번 대박이 터지면 6천 4백만 원이 되고, 그러면 집을 살 수 있는 거지."

이것이 바로 도박을 하는 사람들의 심리다. 사실 도박을 하는 사람들뿐만 아니라 일반적인 사람들의 마음속에도 이러한 심리가 어느 정도 존재한다.

도박에서 돈을 잃으면 본전을 찾기 위해 다시 도박을 하고, 이기면 이긴 대로 계속해서 도박을 한다. 이러한 심리 때문에 노름꾼들이 한번 도박에 빠지면 헤어나지 못하는 것이다.

도박에 빠지지 않기 위해서 우리는 다음과 같은 사항에 주의해야 한다.

1. 규칙과 법을 준수한다. 위법행위는 종종 규칙을 어기는 것으로부터 시작된다. 그러므로 규칙과 법을 지키는 습관을 기르도록 한다.
2. 도박의 위해성을 충분히 인식하고 올바른 성품을 기른다. 적극적으로

문화 및 체육 활동에 참가하고 여가생활에 충실하도록 한다. 단순히 심심하다는 이유로 도박에 손을 대서는 안 된다.

3. 오락과 도박의 경계를 명확히 한다. 도박에 중독된 사람들은 대부분 심심풀이 등의 이유로 도박을 시작하는데, 이런 습관이 오래되면 대담해져서 도박의 수렁에 빠지고 만다.

4. 친구나 동료의 권유에 넘어가지 않도록 한다. 다른 사람의 권유를 받으면 거절하라.

일단 도박이라는 나쁜 습관이 들면 그것은 언제 터질지 모르는 폭탄을 가지고 있는 것과 마찬가지다. 노름은 자신을 망가뜨리고 가정을 파괴하고 사회 질서를 무너뜨린다. 도박은 범죄로 가는 지름길이므로, 이를 멀리해야 건전한 삶을 영위할 수 있다.

노름꾼은 도박에서 지면 다시 도전해서 본전을 되찾으려 하고, 이기면 이긴 대로 계속한다. 이것이 바로 노름꾼의 심리다.

쇼핑으로
스트레스를 푸는
그녀들

준하 씨는 성격이 급한 편이다. 그의 여자친구는 쇼핑을 좋아하는데 한 번 쇼핑을 하면 몇 시간은 기본이다. 그가 가장 견딜 수 없는 것은 여자친구가 마음에 드는 물건을 보기만 하면 가격이 얼마든 조금도 주저하지 않고 사는 것이다.

여러 번 관찰한 끝에 그는 여자친구가 감정의 기복이 심할 때 쇼핑한다는 사실을 발견했다. 그녀는 기분이 좋을 때는 쇼핑으로 그 기분을 이어가고, 기분이 나쁠 때는 쇼핑으로 스트레스를 푼다. 그나마 뭔가를 사달라고 조르지 않는 게 다행이다.

준하 씨는 여자친구의 쇼핑을 기다리는 데 도가 텄다. 쇼핑을 할 때 그는 매장에 들어가지 않고 문밖에서 기다렸다가 그녀가 나오면 물건을 들어준다. 그래도 전혀 외롭지 않다. 문밖에서 기다리는 동안 자기처럼 여자친구의 쇼핑을 기다리는 남자들이 많기 때문이다. 준하 씨는 그 남자들에게 동병상련을 느꼈다.

쇼핑을 할 때 남자와 여자의 심리는 확연히 다르다. 남자는 쇼핑 전에 사고 싶은 품목을 확실하게 정하고 마음에 드는 게 있으면 구입한다. 그러나 여자들은 기분에 따라 쇼핑을 한다. 대부분 기분이 좋지 않을 때 이를 해소하기 위해 쇼핑을 하는 경우가 많다. 여자와 쇼핑을 하는 것은 남자들에게 있어서 대단한 심리적 고통이다.

쇼핑은 기분을 전환하는 좋은 방식이지만 어떤 여자들은 양손 가득 쇼핑백을 들고도 자신의 전리품에 만족하지 못한다. 그들은 쇼핑을 못하면 안절부절못하고, 사고 나면 후회한다. 자조적으로 자신을 쇼핑중독이라 부른다. 심리학적인 각도에서 보면 쇼핑중독은 폭식증이나 도벽과 마찬가지로 질병의 범주에 속한다. 가장 큰 원인은 상품에 대한 병적인 소유욕이다.

쇼핑중독자들이 과도하게 물건을 사들이는 이유는 스트레스의 영향이 크다. 현대 사회는 여자들에게 갈수록 많은 것을 요구한다. 외모도 가꾸어야 하고, 직업도 있어야 하고, 현모양처라는 전통적인 미덕을 포기해서도 안 된다. 일과 생활에서 많은 스트레스를 받고 있는 여자들은 쇼핑으로 이를 해소한다.

전문가들은 이렇게 말한다.

"소비 욕구를 억제하지 못하면 쇼핑 중독에 빠지게 된다. 이를 광범위하게 '강박성 쇼핑중독'이라고 정의한다."

그렇다면 자신이 쇼핑중독인지 아닌지 어떻게 판단할 수 있을까? 또한 쇼핑중독이라는 심리적 질병을 어떻게 예방할 수 있을까?

쇼핑중독의 전형적인 특징은 좋아하는 물건을 보면 바로 사고, 사고 나면 후회를 하는 것이다. 그러나 이러한 감정은 순식간에 사라져버리고, 다시금 쇼핑이라는 전투에 임하게 된다.

쇼핑중독은 자제력이 부족한 충동적 소비형, 기호가 중독으로 변해버리는 과도적 소비형, 귀가 얇은 수동적 소비형, 공허함을 채우기 위한 도피적 소비형, 명품만 좋아하는 명품 숭배형, 싼 상품을 대량으로 구입하는 가격 협상형의 여섯 종류로 나눌 수 있다.

만약 당신이 위의 유형 중 하나라도 해당되면 다음과 같은 심리 컨트롤을 진행할 필요가 있다.

1. 스트레스를 줄이는 것이 첫 번째 단계다. 스트레스의 근원을 알고 적합한 방법을 찾아야 쇼핑중독을 근본적으로 해결할 수 있다. 충동적으로 쇼핑을 하는 사람은 비교적 합리적인 스트레스 해소법을 시도해보는 것이 좋다. 스트레스 해소법은 매우 다양하다. 외향적인 여성은 적절한 장소를 찾아 큰소리로 소리를 지는 것도 좋고, 내향적인 여성은 마음에 담아둔 불쾌한 감정을 편지 형식으로 쓰는 것도 좋다.

2. 쇼핑을 하기 전에 계획을 세우고 될 수 있는 한 돈을 조금 들고 외출한다. 비교적 쇼핑중독이 심각한 사람들은 심리 컨설턴트와 상담을 해보는 것도 방법이다. 컨설턴트와 함께 쇼핑 규칙을 정하고 이를 지킬 때마다 새로운 규칙을 정하는 것이다. 또한 다른 사람과 함께 쇼핑을 하면서 합리적인 소비를 배우는 것도 좋은 방법이다.

Tip for mind

심리학적인 각도에서 볼 때 쇼핑중독은 폭식증, 도벽과 마찬가지로 충동 및 제어와 관련된 질병의 범주에 속한다. 그러므로 반드시 적절한 치료가 필요하다.

감정에 관한
심리 분석

우리의 삶은 거울과도 같다. 당신이 울면 거울도 울고, 당신이 웃으면 거울도 웃는다. 똑같은 상황 속에서 어떤 사람은 긍정적인 마인드로 난관을 극복하고, 어떤 사람은 우울함에서 헤어나지 못한다. 전자와 후자의 차이는 무엇일까?

　　　　　양계장 주인이 달걀을 줍다가 실수로 한 개를 깨뜨렸다. 그때 그는 이렇게 생각했다.

'달걀 하나가 부화하면 병아리가 되고, 병아리가 자라면 암탉이 되고, 암탉은 달걀을 많이 낳고, 그 달걀들이 부화하면 수많은 암탉이 될 텐데…'

마지막으로 양계장 주인은 크게 탄식하며 말했다.

"아이고, 하느님! 저는 양계장을 통째로 잃은 셈이군요."

우스꽝스러운 이야기지만 실제로 양계장 주인 같은 사람은 많다.

또 다른 예를 들어보자.

갓 학교에 입학한 아이가 배우는 속도가 늦다고 부모가 걱정을 한다. 그들은 자녀가 다른 아이들만큼 똑똑하지 못하니 분명 성적이 나쁠 거라고 생각한다. 이러한 생각은 점점 더 확대되어 대학에 가기 힘들겠다는 둥, 대학을 가지 못하면 어디 취직을 하겠냐는 둥 끊임없는 걱정으로 이어진다. 아이에 대한 걱정 때문에 부부 사이도 삐걱거린다.

이렇게 우리는 늘 피곤하게 산다. 그 이유는 무엇일까? 다양한 원인이 있지만 그 중 하나는 우리가 스스로 고통을 확대시키기 때문이다. 여기에는 심리적인 이유가 있는데, 그것은 바로 세상을 자기중심적으로 생각하기 때문이다. 사소한 실수도 대단한 잘못처럼 생각하며 하루 종일 울상을 짓는다. 기분이 늘 우울한데 어떻게 행복질 수 있단 말인가?

고민거리가 있을 때 '우리는 수많은 모래 중 한 알에 불과하다'는 말로 자신을 위로해보자. 말 그대로 우리는 생각보다 중요한 존재가 아니고, 우리가 겪는 일도 그리 대단한 일이 아니다.

삶은 마치 신비한 원시림과도 같다. 앞길에 무엇이 나타날지 그 누구도 알 수 없지만, 멈추지 않고 계속 탐험을 해야 한다. 좌절은 원시림에서 마주치는 야수처럼 언제 나타나서 당신의 영역을 침범할지 모른다. 그리고 고통은 마음속의 잡초와도 같아서, 우리가 좌절할 때 빠르게 번식한다. 그러므로 우리는 좌절했을 때 더 이상 고통이 확대되지 않도록 마음을 다잡아야 한다.

 Tip for mind

프랑스의 사상가 루소Jean-Jacques Rousseau는 다음과 같이 말했다.
"신체적인 고통과 양심의 가책 외의 고통은 모두 상상 속의 산물이다."
실수를 했을 때 자신을 고통 속에 몰아넣을 필요는 전혀 없다. 자신감을 갖고 긍정적으로 해결법을 찾는 것이 중요하다.

가슴의
불안감,
머리로 다스려라

한 여자가 쇼핑을 하러 옷가게에 들어갔다. 그녀는 점원에게 물었다.

"스키니 팬츠 있나요?"

그러자 점원은 귀찮다는 듯 말했다.

"손님 서 계신 바로 오른쪽이 다 스키니예요."

점원의 말투에 그녀는 빈정이 조금 상했지만 쇼핑을 계속했다. 매장을 둘러보다가 그녀는 마음에 드는 옷이 있어 그 옷을 만져보았다. 그러자 뒤에서 큰소리가 들렸다.

"손님, 그렇게 잡아당기시면 옷이 늘어나요."

그녀는 흠칫 놀라 동작을 멈췄다. 점원은 다른 손님에게 옷을 가져다주면서 투덜거렸다.

점원의 태도에 그녀도 화가 났다. 그러나 굳이 점원과 말싸움할 가치는 없다는 생각이 들어 심호흡을 하며 참았다. 이 모습을 본 가게 사장이 점원을 나무랐고, 그녀에게 대신 사과를 했다. 사장의 사과를 받은 그녀는 기분이 조금 나아졌지만 쇼핑을 계속할 수 없어서 가게를 나와 버렸다.

이 이야기의 주인공은 불친절한 직원과 싸우거나 사장에게 화를 내기보다는 감정을 다스리는 편을 택했다. 모처럼의 쇼핑을 즐기기 위한 현명한 처사였다고 볼 수 있다.

인간은 감정의 동물이기 때문에 주위의 영향을 받는다. 충동적이지 않고 자신의 감정을 자제할 수 있는 사람이 있는 반면, 늘 감정에 좌우되고 별 것 아닌 일에 동요하는 사람도 있다. 감정의 기복이 심하면 우리의 의지력과 판단력도 흐려진다. 그렇기 때문에 어떤 사람들은 "충동은 악마"라고 말하기도 한다.

그렇다면 이 악마와 같은 충동은 과연 어디서 나오는 것일까?

누구나 기분이 좋지 않을 때가 있지만 그 정도와 고통은 사람마다 다르다. 그것은 피가 온몸으로 용솟음치게 하고, 심장박동을 빠르게 만든다. 또한 부신 호르몬 분비를 촉진시키고, 강력한 에너지를 발생시켜 격렬한 행동을 취하게 한다. 분노, 불만 등이 충동적 행동에 속하는데, 충동적인 사람들은 자신의 행동을 통제하지 못한다.

미국의 어느 사회심리학자는 화를 잘 내는 사람에게 의식적으로 화를 가라앉히라고 제안한다. 화가 날 때는 충동적인 행동을 하기 쉬우므로 먼저 냉정을 찾아야 한다. 구체적으로 다음과 같은 방법을 사용해 볼 수 있다.

첫째, 숫자를 세는 것이다. 숫자를 순서대로 세는 것은 우리의 이성을 자극하지 못하기 때문에 1, 4, 7, 10… 처럼 순서를 건너뛰면서 세야 한다. 그러면 이성적인 사고 능력이 점점 회복될 것이다.

둘째, 사물을 묘사하는 것이다. 예를 들어, '이 찻잔은 노란색이다', '그는 하늘색 스웨터를 입고 있다'처럼 주위 물체의 색을 묘사한다. 그러다 보면 상당히 차분해진 자신을 발견할 수 있을 것이다.

내면의 대화를 통해 평정을 찾는 것도 좋은 방법이다. 예를 들어, '나는 차분하게, 천천히 말할 거야', '나는 화를 내지 않아. 화를 내는 것은 나 자신을 드러내는 거나 마찬가지니까' 등으로 자신에게 말을 거는 것이다.

화를 다스릴 줄 알면 다른 사람이 아무리 당신을 자극해도 침착하게 대응할 수 있고, 상대방의 올가미에 걸려들지 않는다.

Tip for mind

심리상태는 사람의 생활방식, 더 나아가 인생을 결정한다. 감정을 자제하고 다스릴 줄 알면 충동이 야기하는 악순환을 컨트롤할 수 있다.

자신감은
성공으로 향하는
첫걸음

한 무명 작가가 자신이 쓴 원고를 들고 출판사에 찾아갔다. 작가는 간절하게 출간을 제안했지만 출판사는 딱 잘라 이를 거절했다. 출간을 거절당한 그는 의기소침해졌지만 포기하지 않고 다른 출판사에 투고를 했다. 그리고 얼마 후, 우여곡절 끝에 작은 출판사에서 책을 내게 되었다. 그런데 책이 생각보다 큰 인기를 얻게 되었고 처음 출판을 거절했던 출판사는 후회를 했다.

자신의 재능을 믿어야 다른 사람도 당신을 믿는 법이고, 스스로 포기하지 않아야 남도 당신을 포기하지 않는다. 이것이 바로 자신감의 힘이다.

사람들은 종종 말한다.

"세상사람 모두 당신을 믿지 않을 때, 최후의 순간까지 당신을 믿어주는 단 한 사람은 바로 당신 자신이다."

러시아의 정치가 레닌도 "자신감은 성공으로 향하는 첫

걸음이다"라고 말했다. 그렇다면 자신감 있는 사람은 어떻게 성공을 얻는 것일까?

자신감은 내재적인 것이다. 사람은 자신감이 있어야 발전할 수 있고, 좌절을 견딜 수 있는 강한 힘이 생긴다. 문제를 만났을 때 용감하게 맞서면 성공에 한 발짝 더 가까워질 수 있다.

열등감은 자신의 부족한 부분만 보고 장점을 보지 못하기 때문에 생겨나는 것이다. 열등감을 가진 사람은 실패를 매우 두려워하고, 다른 사람 앞에서 위축되고 수동적이다.

그렇다면 어떻게 해야 자신감 넘치고 적극적인 심리상태를 취할 수 있을까? 이는 전적으로 자신의 선택에 달려있다. 심리전문가들은 자신감을 얻기 위해 다음과 같은 조언을 한다.

1. 부정적인 언어를 버려라

습관적으로 사용하는 부정적인 말에는 다음과 같은 것이 있다.

"나는 아무런 쓸모가 없어!"

"도대체 어떻게 해야 하지?"

"이제 정말 지쳤어."

반대로 우리는 다음과 같은 말로 자신을 격려할 수 있다.

"하루 종일 바쁘기는 했지만 지금은 마음이 아주 홀가분해!"

"내가 그 사람을 이기지 못할 거라고는 생각하지 않아."

"막상 해보니까 별것 아니군."

2. 열등감을 버려라

자신의 성격, 재능 등을 확실하게 이해하면 자신감이 생긴다. 우리는 자신의 가치를 알아야 한다. 자신이 다른 사람보다 못하다는 열등감을 버려라.

3. 의식적으로 긍정적으로 생활하라

매일 아침, 잠에서 깨어날 때부터 긍정적인 소식을 접하도록 하자. 가능하다면 긍정적인 마음가짐을 지닌 사람과 함께 아침식사를 하라. 아침 뉴스는 진지하게 보지 않는 것이 좋다.

출근길에 즐거운 음악을 듣는 것도 좋은 방법이다. 퇴근 후에는 컴퓨터 게임을 하거나 TV를 보는 대신에 가족들과 함께 그날 있었던 이야기를 나누어 보자.

기분이 가라앉고 자신감이 사라질 때 명언 등을 통해 아픔을 위로하고, 자신을 격려하는 것도 좋은 방법이다. 스스로 즐거운 일을 찾다보면 자연스레 기분도 좋아질 것이다.

부정적인 마음이나 태도는 당신이 약해져 있는 틈을 타 이성적이고 순수한 사고를 방해한다. 언제나 긍정적인 마인드로 자신을 격려하라.

불평할수록
행복은
멀어진다

항상 불만이 가득한 여자가 있었다. 그녀는 심리학자 데일 카네기_{Dale Carnegie}를 만나자마자 불평을 늘어놓기 시작했다. 남편이 일을 제대로 안 한다는 둥, 아이가 공부를 못한다는 둥, 그녀에게는 자기 뜻대로 되지 않는 것이 너무나도 많아보였다. 그녀의 하소연이 끝나기를 기다렸다가 카네기가 말했다.

"부인, 당신은 너무 완벽을 추구하시는 것 같군요."

이 말을 듣고 그녀는 매우 놀라 카네기를 바라보다 잠시 후에 다시 입을 열었다.

"선생님은 제가 완벽을 추구한다고 생각하세요? 저는 절대 그렇게 생각하지 않아요! 저같이 외모도 별로고, 학벌도 좋지 않은 사람이 어떻게 완벽을 추구할 수 있겠어요."

그러자 카네기가 말했다.

"한번 생각해 보세요. 부인 남편은 삼십 대인데 벌써 회사를 세웠으니 성공했다고 볼 수 있지요. 아드님은 이제 겨우 초등학교 4학년이에요. 어떻게 매번 좋은 성적을 받을 수 있겠습니까?"

그의 말을 듣고 부인은 한참 동안 대답을 하지 못했다.

사실 불평하게 되는 상황이 따로 있는 것이 아니다. 불평을 하고 안 하고는 같은 상황을 받아들이는 마음가짐의 차이다. 예를 들어 아침에 늦잠을 잤을 때, 불평하는 사람들은 이렇게 생각한다.

"어떻게 날 깨워주는 사람이 하나도 없지? 정말 너무들 하는군!"

그러나 불평하지 않는 사람은 이렇게 생각한다.

"아마 잠을 좀 더 자라고 내버려둔 거겠지."

길을 가다 누군가와 부딪혔을 때 불평하는 사람들은 이렇게 생각한다.

"아니, 사람이 지나가는 게 안 보여? 눈은 어디다 달고 다니는 거야?"

그러나 불평하지 않는 사람들은 이렇게 생각한다.

"분명 급한 일이 있었겠지. 저 사람도 많이 아팠을 거야."

늘 불만이 많고 불평을 늘어놓는 사람은 오로지 자신의 희생만 주장할 뿐, 얻은 것은 생각하지 않는다. 그러나 불평하지 않는 사람은 힘들어도 원망하지 않는다. 그들은 얻은 것을 기뻐할 줄 안다.

불평을 늘어놓는 사람이 행복해질 수 없는 이유는 불평불만이 우리가 가지고 있는 긍정적인 잠재의식을 파괴하기 때문이다. 어떤 일을 하고 있는데 불만이 조금이라도 생겨나면 일이 손에 잡히지 않는다. 그렇게 되면 불만은 더 커지게 되고, 심지어는 하늘을 원망하기도 한다. 부정적인 기분은 일과 생활뿐만 아니라 마음가짐에도 영향을 끼친다.

진정으로 용감한 사람은 절대 불평하지 않고 늘 냉정하고 침착하게 세상을 대한다. 그리고 항상 자신을 돌아보고 결국에는 성공한다.

 Tip for mind

자신이 처한 환경이나 조건에 대해 불평하지 말자. 비록 현실에 만족하지 못하는 부분이 많다고 해도, 세상이 당신에게 준 것은 잡동사니 밖에 없다고 해도, 그 잡동사니를 밟고 서서 세상의 꼭대기에 오르도록 하자.

우유부단,
사랑 앞에선
죄다

　　한 젊은이가 있었다. 멋진 외모에 머리도 좋았지만 결단력이 없고 우유부단했다.

　　그에게는 마음에 두고 있는 여자가 있었다. 주말이 되어 동료들이 데이트를 하면 부러운 마음이 들었지만 그녀에게 고백할 용기가 없었다. 늘 상대방이 거절하면 어쩌나, 고백했다가 더 멀어지는 건 아닌가 이런저런 걱정을 했다.

　　어느 주말 오후, 그는 여자에게 문자메시지를 보내기로 마음먹었다. 메시지를 작성하는 동안 그의 마음속에는 이런저런 생각이 들었다.

　　'만약 내 번호를 저장하지 않았으면 어쩌지.'

　　'쉬고 있는데 귀찮아하면 어쩌지.'

　　'답장을 보내지 않으면 어떡하지.'

　　이런 생각이 들자 결국 발송취소 버튼을 누르고 휴대전화를 꺼버렸다.

　　그는 그녀가 주말 내내 자신을 기다리고 있었다는 사실을 꿈에도 생각하지 못했다. 여자는 남자가 연락을 하지 않을까 온종일 휴대폰을 손에서 놓지 않고 있었다. 만약 그가 우유부단한 성격이 아니었다면 그녀와 즐거운 주말을 보낼 수 있었을 것이다.

우리는 살아가면서 종종 선택의 기로에 놓인다. 정확한 사고로 원하는 결과를 얻기 위해 노력한다. 그러나 너무 신중하게 생각하느라 행동에 옮기지 못해 성공의 기회를 잃는 경우도 있다. 오죽했으면 이 세상에서 가장 불쌍한 사람은 주저하느라 아무것도 이루지 못한 사람이라는 말이 생겨났을까.

그렇다면 선택의 순간에 우리를 우유부단하게 만드는 심리는 과연 무엇일까?

바로 이것이 좋을지 저것이 좋을지 저울질하는 심리다. 사람들은 늘 선택의 기로에서 저울질하고, 갈등한다. 그러나 고민하는 시간이 너무 길면, 기회는 도망가 버린다.

좋은 기회가 찾아왔다면 망설이지 말고 즉시 행동을 취해 기회를 얻자. 주저하는 행동습관은 결국 수많은 기회를 놓치게 만든다. 우리가 주저하는 것만큼 선택의 결과는 크게 달라진다.

그렇다면 주저하는 습관을 어떻게 극복할 수 있을까? 심리전문가들은 다음과 같은 방법을 제시한다.

첫째, 무슨 일을 하든지 오늘이 생애 마지막 날인 것처럼 임하라. 오늘이 당신에게 주어진 마지막 날이라면 당신은 분명 최선을 다할 것이다. 반대로 아직 시간이 충분히 있다고 생각하면 우유부단하게 행동할 것이다.

둘째, 너무 오래 생각하지 말고 용감하게 전진하라. '기왕 결심한 거 열심히 하자', '다른 사람의 비웃음은 아무것도 아니다'라는 식으로 자신을 격려하자.

우유부단한 태도에서 벗어나려면 판단력을 기르고 용기와 자신감을 가져야한다. 당신이 목표만을 바라보고 곧장 나아간다면 다른 이들은 분명 당신에게 길을 양보할 것이다.

선택을 해야 하는 순간, 우유부단한 태도는 좋지 않은 결과를 불러온다. 무슨 일이든지 과감하게 결정하고, 결정한 일은 반드시 바로 행동에 옮겨야 한다. 이것저것 쓸데없이 생각하고 걱정하다보면 좋은 기회는 멀리 달아나 버린다.

학습된
무기력에서
벗어나려면?

한 동물원에서 새끼 코끼리가 태어났다. 그 코끼리는 사람들이 말뚝을 둘러놓은 울타리 안에서 자랐는데 밖으로 나가고 싶어도 아직 어려서 울타리를 넘을 수 없었다. 그렇게 시간이 흐르면서 코끼리는 눈앞의 울타리는 결코 넘을 수 없는 것이라고 여기게 되었다.

새끼 코끼리는 무럭무럭 자라 어느새 몸집이 큰 어른 코끼리가 되었다. 웬만한 나무 한 그루쯤은 손쉽게 뽑아버릴 힘이 생겼지만, 울타리만큼은 넘지 못했다.

이와 같은 현상을 '학습된 무기력'이라고 한다. 피할 수 없는 환경에 반복적으로 노출된 경험으로 인해 실제로 자신의 능력으로 극복할 수 있음에도 불구하고 자포자기한다는 이론으로 '학습된 무력감'이라고도 한다.

학습된 무기력에 시달리는 사람은 자신이 아무것도 할 수 없다고 굳게 믿고 있기 때문에 어떠한 노력도 하지 않은 채 주어진 기회를 포기한다.

긍정심리학의 창시자인 마틴 셀리그먼Martin Seligman은 다음과 같은 실험을 했다.

그는 개를 우리 안에 가둬 놓고 벌이 윙윙거리는 소리를 들려준 다음 견디기 힘든 전기충격을 가했다. 이러한 과정을 몇 번 거친 후, 그는 실험을 시작하기 전에 우리 문을 열어두었다. 그러나 개는 도망치려 하지 않았고 벌 소리가 들리자 전기충격을 받기도 전에 바닥에 바짝 엎드려 부들부들 떨며 신음하기 시작했다. 우리 문이 열려 있었기 때문에 개는 충분히 도망칠 수 있었음에도 불구하고 절망 속에서 고통의 시간을 보냈다. 셀리그먼은 이러한 현상을 학습된 무기력이라 칭했다.

학습된 무기력을 극복한 사람의 이야기를 살펴보자.

어느 날, 하버드 대학의 심리학 교수 로버트 로젠탈Robert Rosenthal은 한 여고생의 전화를 받았다. 그녀는 의기소침한 목소리로 말했다.

"저는 아무짝에도 쓸모없는 사람이에요!"

아픔이 묻어 있는 그녀의 목소리를 듣고 로젠탈 교수는 친절하게 물었다.

"정말 그렇게 생각하니?"

여고생은 울먹이며 말을 이어갔다.

"네. 친구들과 사이도 좋지 않고, 다들 저를 싫어해요. 성적이 아주 나쁜 편은 아니지만 선생님은 저를 마음에 들어 하지 않고요. 엄마는 저에게 희망을 걸고 있지만 전 결코 엄마의 기대를 만족시켜 드릴 수 없어요. 게다가 좋아하는 남자애는 저를 좋아하지 않아요. 제겐 더 이상 삶의 희망이 없어요."

그러자 로젠탈 교수는 물었다.

"그렇다면 너는 왜 나에게 전화를 건 거니?"

여학생이 대답했다.

"잘 모르겠어요. 아마도 누군가와 이야기를 하고 싶었나 봐요."

아이와 한동안 이야기를 나눈 후, 로젠탈 교수는 그녀의 문제가 무엇인지 알게 되었다. 학습된 무기력에 빠진 그녀에게 아무도 격려를 해주지 않는다는 것이었다. 오랫동안 좌절에 빠진 상태에서 격려나 긍정을 얻지 못하면 점점 자아를 부정하는 습관이 생겨나게 된다.

로젠탈 교수는 이렇게 말했다.

"내가 보기에 너는 장점이 많은 것 같구나. 더 나아지려는 마음도 있고 말이야. 게다가 목소리도 예쁘고, 예의도 바르고, 말도 잘하는 것 같아. 봐라, 너와 잠시 이야기를 나눈 것뿐인데 장점을 이렇게나 많이 발견할 수 있었잖니. 그런데 왜 스스로 아무짝에도 쓸모없는 사람이라고 말하는 거니?"

아이는 놀라며 물었다.

"그런 게 장점이라고 할 수 있을까요? 지금까지 그렇게 말해준 사람은 아무도 없었는데요?"

교수는 대답했다.

"오늘부터 너의 장점을 적어보도록 하렴. 최소한 10개 이상이 될 때까지 말이야. 그런 다음 매일 큰소리로 읽으면 점점 자신감이 생겨날 거야. 만약 새로운 장점을 발견했다면 목록에 추가하는 것도 잊지 말고!"

로젠탈 교수는 자신의 학생들에게 다음과 같이 이야기했다.

"우리 주위에는 이 여학생과 같은 사람이 아마 많을 것입니다. 그들은 좌절을 겪은 후에 아무것도 할 수 없다고 생각하지요. 그렇지만 저는 여러분이 지금부터라도 이러한 생각을 철저히 떨쳐 버렸으면 좋겠습니다. 언제 어떤 일을 하든지 자신을 부정해선 안 됩니다."

사람들은 한두 번의 실패만으로도 좌절을 극복하는 능력을 잃곤 한다. 실패에 대한 두려움이 성공에 대한 희망보다 더 크기 때문이다. 자신을 정확하게 평가하고 자신감을 키워야 학습된 무기력으로부터 벗어날 수 있다.

상처를 두려워하면
당신은 영원히
성공할 수 없다

늘 자신의 일상에 대한 불만을 아버지에게 토로하는 딸이 있었다. 그녀는 모든 일이 뜻대로 되지 않는다고 이야기했다. 아버지는 아무 말 없이 딸아이를 주방으로 데리고 갔다. 냄비 세 개에 물을 담아 불에 올리고는 각각에 당근, 달걀, 커피를 넣고 끓이기 시작했다. 약 20분 후, 아버지는 불을 끄고 딸에게 물었다.

"애야, 네 눈에는 뭐가 보이니?"

딸이 대답했다.

"당근, 달걀, 커피요."

아버지는 딸에게 당근을 으깨고, 달걀껍질을 벗겨내게 했고, 마지막으로 커피를 마시라고 했다. 딸은 어리둥절한 표정으로 물었다.

"아빠, 도대체 이게 무슨 뜻이에요?"

아버지가 설명했다.

"이 세 가지 재료는 똑같이 좌절을 겪었지. 끓는 물이라는 좌절 말이다. 그렇지만 반응은 제각각 달랐단다. 당근은 냄비에 넣기 전에는 딱딱하고 단단했지만 끓는 물에 들어간 후에는 부드럽고 물렁하게 변했지. 달걀은 원래 깨지기 쉽지만, 끓이고 나니 속이 단단해졌단다. 그리고 가루 상태였던 커피는 끓는 물에 들어간 후 향긋한 커피로 변했단다.”

아버지는 잠시 말을 멈추더니 딸에게 물었다.

“그렇다면 너는 좌절이 찾아왔을 때 어떤 반응을 하겠니? 당근이니 달걀이니, 아니면 커피?”

좌절을 앞에 두고 사람들은 제각각 다른 반응을 보인다. 스스로를 불쌍하고 딱하게 여기는 사람은 늘 상처를 받을까 두려워 좌절을 직시하지 못한다. 그들은 보기에는 강해보이지만 내면은 푹 삶아진 당근처럼 연약한 상태다.

자기 연민은 우리가 좌절 혹은 역경을 극복하는 데 장애가 된다. 또한 우리의 마음을 약하게 만들고, 도전을 정면으로 받아들이지 못하는 패배자로 만든다.

삶이 늘 순탄할 수만은 없다. 좌절과 고난은 결코 피할 수 없다. 이때 자기 연민에 빠져 위축되어서는 안 된다. 지혜롭게 좌절과 고난에 맞서, 극복할 수 있는 방법을 냉정하게 생각해야 한다. 자기 연민에 빠진 사람은 갑작스러운 좌절을 만나면 뒷걸음치거나 소극적으로 대항한다. 그러나 적극적인 태도로 좌절에 맞서고 용감하게 도전하는 사람만이 최후의 승자가 될 수 있다.

이와 관련된 일화가 하나 있다. 미국의 34대 대통령 아이젠하워^{Dwight}

의 학창시절 이야기다.

어느 날 오후, 학교 수업이 끝난 후 집으로 돌아오는 길이었다. 그런데 아까 전부터 그와 비슷한 나이로 보이는 덩치 큰 소년이 줄곧 아이젠하워를 따라오고 있었다. 그는 혹시 해코지를 당할까 두려워 감히 맞서지 못하고 집까지 허둥지둥 뛰어왔다. 집 근처에서 그 광경을 본 아버지가 말했다.

"너는 왜 그 덩치 큰 녀석을 피해 도망다니는 거니?"

아이젠하워는 억울한 마음에 아버지의 말에 반박했다.

"도저히 상대가 안 되는 녀석인 걸요."

그러자 아버지는 큰소리로 말했다.

"나약함을 정당화시키지 마라. 어서 가서 그 아이를 쫓아 내거라!"

아버지의 말을 듣고 아이젠하워는 덩치 큰 소년에게 달려갔다. 그는 아이젠하워의 갑작스런 반격에 깜짝 놀라 달아나기 시작했다. 그는 계속 쫓아가 덩치 큰 소년을 붙잡았다. 그러고는 그를 땅에 때려눕히고 경고했다.

"만약 한 번만 더 귀찮게 하면 가만 안 둘 거야."

아이젠하워는 말했다.

"나약한 사람은 아무것도 이룰 수 없다. 우리는 반드시 강한 힘을 키워야 한다."

어린 시절의 경험을 통해서 아이젠하워는 강해보이는 상대를 만나도 절대 겁내거나 도망가서는 안 된다는 이치를 깨달았다.

용기와 자신감이 부족할 때 우리는 늘 자기를 보호하려 한다. 쓸데없는 걱정 때문에 무슨 일이든지 소극적으로 임하고 사소한 일에 연연한다. 좌절이나 고통 때문에 상처를 받을까 두려워하면 당신은 영원히 성공할 수 없다.

 Tip for mind

루스벨트**Franklin Roosevelt** 대통령은 다음과 같이 말했다.

"우리가 두려워해야 할 것은 두려움 그 자체다. 그것은 우리에게 알 수 없는 두려움을 주고 미래를 위한 노력을 전부 물거품으로 만들어버린다."

신체언어에 관한 심리 분석

많은 이들이 의사소통은 말로만 이루어진다고 생각한다. 그러나 표정, 눈빛, 자세, 손짓과 같은 신체언어도 커뮤니케이션하는 데 큰 역할을 한다. 거짓말을 함으로써 우리는 속마음을 숨길 수 있다. 그러나 신체언어로 곧 들통 나고 만다.

지희 씨는 주위 사람들의 부러움을 한 몸에 받는 정신과 의사였다. 그러나 사람들의 심리를 너무 잘 알기 때문인지 서른 살이 되어서도 결혼상대를 찾지 못했다.

어느 날, 그녀는 부모님의 성화에 못 이겨 생애 첫 맞선을 보게 되었다. 지희 씨는 첫인상의 중요성을 누구보다 잘 알고 있었기 때문에 정성스레 단장하고 맞선 장소로 향했다. 레스토랑 입구에 모습을 드러내자 그녀를 향해 인사하는 사람이 있었다. 느낌이 괜찮은 남자였다.

그는 단정한 양복차림이었다. 외모도 준수하고 헤어스타일도 깔끔했지만 얼굴에는 표정이 없었고, 허리를 꼿꼿이 세우고 앉아 있었다. 그 모습만으로도 정신과 의사인 그녀는 상대방의 성격을 파악할 수 있었다. 그러나 자신의 판단이 옳은지 확인하고 싶었기 때문에 계속해서 그를 관찰했다. 상대방은 그녀를 보더니 단도직입적으로 이야기했다.

"제 직업이나 나이, 가정환경은 이미 잘 알고 계실 겁니다. 서로 나이도

적지 않은데 쓸데없이 시간 낭비 하지 말죠. 괜찮으시다면 결혼을 전제로 사귀어 보는 게 어떨까요?"

역시 그녀가 예상한 대로였다. 이러한 성격의 사람은 단도직입적으로 이야기하는 것을 좋아하고 다른 사람의 생각은 별로 신경 쓰지 않는다. 그녀는 이런 유형을 좋아하지 않았다. 그래서 어느 정도 이야기를 나누다 적당한 핑계를 대고 자리를 빠져나왔다.

사람의 성격이나 감정, 인격은 말이나 행동으로 드러난다. 이때 드러나는 신체언어는 그 사람의 속마음을 가장 잘 나타낸다. 그러므로 신체언어를 정확하게 포착하고 분석하면 아무리 완벽하게 위장한 사람이라도 허점을 발견할 수 있다.

신체언어란 글자 그대로 사람의 신체 즉, 얼굴, 팔, 어깨, 다리 등에 드러나는 표현이다. 사람의 신체언어를 부위 별로 구체적으로 살펴보자.

1. 가슴

이야기를 나눌 때 무의식중에 가슴을 내미는 것은 자신감의 표현이다. 여자들은 위험을 느끼면 본능적으로 자신의 가슴을 보호하는데 이는 예로부터 내려온 인류의 자기방어 동작이다.

2. 복부

서 있을 때 가볍게 자신의 복부를 두드리는 동작은 만족감을 나타낸다. 반대로 등과 배를 구부리는 동작은 조급하고 불안하다는 의미다.

3. 허리

허리는 신체의 가장 중간에 위치해 있다. 그러므로 허리의 높낮이는 그 사람의 심리 상태를 드러낸다.

동양권에서는 허리를 구부려 예의를 나타내는데 이는 타인을 존중한다는 표현이다.

다른 사람과 대화할 때 허리를 꼿꼿하게 세우는 것은 이미 모든 상황을 파악하고 있고, 자신감이 충만하다는 것을 나타낸다.

그밖에도 앉은 자세와 쪼그린 자세도 허리의 높낮이와 관련이 있다. 의자에 깊숙이 앉으면 허리 위치가 낮아지는데 이는 심리적으로 편안한 상태다. 의자 끝에 살짝 걸터앉는 동작은 불안정한 심리를 나타낸다. 교양 있는 사람 중에 쪼그린 자세를 취하는 사람은 별로 없는데, 일반적으로 쪼그린 자세는 방어, 복종 등의 뜻을 내포한다.

4. 등

당신과 이야기할 때 등을 보이는 사람이 있다면 이는 당신을 아랑곳하지 않는다는 뜻이다. 누군가와 전화할 때 당신을 등지고 있다면 그것은 자신의 비밀을 밝히고 싶지 않기 때문이다.

5. 어깨

일반적으로 어깨는 책임과 명예, 엄격함과 관련이 있다. 그렇기 때문에 투구나 갑옷, 군복, 양복 등은 특별히 어깨 부분을 높여서 권력과 위엄을 드러낸다. 상의를 어깨에 걸치고 길을 걷는 남자들도 있는데, 이는 무의식중에 어깨를 부풀려서 자신의 세력을 과시하는 것이다.

또한 어깨는 책임감과 안전을 드러낸다. 그러므로 손을 상대방의 어깨 위에 얹는 것은 우호와 신뢰를 암시한다. 남성이 여성의 어깨를 감싸 안을 수 있는 것은 친밀한 관계에서만 가능하다.

말싸움을 하다가 상대방의 어깨를 밀치는 행동은 상대방의 세력 범위에 대한 직접적인 침범이라 할 수 있다.

신체언어와 관련해 메라비언의 법칙**The Law of Mehrabian**이라는 것이 있다.
상대방에게 호감을 주는 요소가 시각이 55%, 청각이 38%, 언어가 7%에 이른다는
이론으로, 이는 비언어의 중요성을 잘 드러내준다.

무언의
언어,
보디랭귀지

미국의 16대 대통령 링컨Abraham Lincoln이 강가를 시찰하고 있을 때의 일이다. 선원들과 일일이 악수를 나누던 그는 땔감을 운반하던 인부에게도 손을 내밀었다. 그러자 인부는 부끄러워 손을 숨기며 말했다.

"제 손이 너무 더러워서 감히 대통령님과 악수를 할 수가 없습니다."

링컨은 쾌활하게 웃으며 말했다.

"손을 내밀어 주세요. 당신의 손은 미국을 위해 거칠어진 것입니다."

그는 인부와 깊은 악수를 나누었다.

링컨은 신체언어를 사용해 사람과의 거리를 좁히는 데 능한 지도자였다. 겸손하고 온화한 그는 악수를 통해 인부의 업적을 인정했다.

사람들은 일반적으로 의사소통은 언어로 이루어진다고 생각하는데, 오히려 빈번하게 사용하는 것은 비언어 즉 '신체언어'다. 신체언어는 감정과 태도, 타인에 대한 친밀도를 드러낸다. 신체언어는 무의식중에 나오는 경우가 많기 때문에 거짓일 가능성이 낮다.

사람과 사람 사이의 소통에 있어서 신체언어는 매우 중요한 작용을 하기 때문에 항상 주의해야 한다. 특히 낯선 사람과 교제할 때 신체언어를 제대로 이용하면 쉽게 가까워질 수 있다.

예를 들어 당신이 면접을 본다고 치자. 이때 주의할 사항은 다음과 같다.

면접관과 마주하는 순간부터 미소를 지으며 상대방을 직시하라. 이때 상대방도 미소를 보이면 이는 좋은 징조다. 만약 상대방이 무표정하다 해도 너무 초조해할 필요는 없다. 눈빛을 맞추는 것에 주의하고 면접관의 신체언어를 살펴라. 그의 얼굴이 굳어 있으면 당신은 미소를 짓고, 그가 딱딱한 자세를 취하면 당신은 예의바르면서도 편안한 자세를 취한다.

팔이나 다리를 꼬는 자세는 반드시 피해야 한다. 두 다리는 가지런하게 놓고 팔은 자연스럽게 내리거나 무릎 위에 올려둔다. 시선은 앞을 향하고 두리번거리거나 너무 뚫어져라 쳐다봐서는 안 된다. 앉을 때는 살짝 앞으로 나와 적극적인 인상을 주도록 한다. 단, 상대방과 너무 가까이 앉으면 부담을 주므로 주의한다. 만약 면접관이 자기도 모르게 뒤로 물러나면 당신도 조금 뒤로 물러나도록 한다.

다른 사람에게 좋은 인상을 주고 싶다면 부정적인 신체언어를 피하고, 말을 할 때도 손동작이나 자세에 신경 써야 한다. 행동과 말에 모순이 생기면 당신의 신뢰도에 나쁜 영향을 주기 때문이다.

다음과 같은 동작을 사용해보도록 하자.

1. 미소를 짓는다

사람들은 늘 미소로 화답하는 사람에게 호감을 갖기 마련이다. 미소는 쉽게 이해할 수 있는 비언어적인 신호로, 우호와 열정을 나타낸다.

타인을 미소로 대하면 그와 소통하고 싶다는 의미가 전달된다. 상대방은 자연스레 당신의 신호를 포착한 뒤 대부분 미소로 화답한다.

2. 두 팔을 활짝 벌린다

이는 열정을 나타내는 동작이다. 반대로 팔짱끼는 동작은 냉담과 무관심을 나타낸다.

만약 상대방에게 열정을 드러내고 싶다면 두 팔을 벌리도록 하라. 비록 조금 과장되어 보이기는 하지만 팔짱끼는 것보다는 훨씬 낫다.

3. 몸을 살짝 앞으로 내민다

이야기를 나눌 때 몸을 약간 앞으로 내미는 것은 상대방과의 대화에 흥미를 느끼고 있음을 나타낸다. 이는 상대방에 대한 존중을 드러내므로 그는 흔쾌히 당신과 이야기를 나누고 싶어 할 것이다.

4. 악수를 나눈다

악수를 나누는 것은 일종의 예의다. 예를 들어 모임에 참석했을 때는 먼저 주최자와 악수를 나눈 다음 다른 사람들과 악수를 해야 한다. 남녀가 악수를 할 때는 여자가 먼저 손을 내밀 때까지 남자가 기다리는 것이 예의다. 이때 남자는 여자의 손가락 부분을 가볍게 잡는 것이 좋다.

연배가 있는 사람, 사회적 지위가 높은 사람과 악수를 할 때는 반드시 상대방이 손을 내밀 때까지 기다려야 한다. 상대방이 당신이 손을 내민 것을 알아채지 못해서 악수를 나누지 못했을 때는 미소를 지으며 손을 거두어들이고 너무 무안해 할 필요는 없다.

위의 네 가지 동작을 확실히 익히면 처음 만난 사람과도 자연스럽게 소통하며 상대방의 주의를 끌 수 있다.

 Tip for mind

신체언어를 능숙하게 사용하고 싶다면 수시로 상대방의 몸에 드러나는 정보를 보고 진짜 생각을 읽어낼 수 있어야 한다. 신체언어를 통해 우리는 원하는 목적을 달성하거나 문제를 해결할 수 있다.

단편적인
신체언어로
판단하는 것은 금물

"회의 때 사장님이 나를 보고 고개를 끄덕이며 웃어주시던데 내 프레젠테이션에 만족하신 것이 분명해."

"그 사람이 말을 할 때 계속 손을 비비는 건 강박증 때문이야."

사람들은 종종 타인의 행동을 보고 그 심리를 추측한다. 그러나 실제로 이러한 추측이 반드시 정확한 것은 아니다. 회의를 할 때 사장이 모두에게 고개를 끄덕이며 웃어준 것일 수도 있고, 손을 비비는 행동은 강박증이 아니라 단순한 긴장 탓일 수도 있다.

타인의 신체언어를 정확하게 이해하기 위해서는 하나의 동작뿐만 아니라 다른 요소도 함께 관찰해 종합적으로 사고해야 한다.

1. 단편적인 해석은 금물

심리학 초심자들이 범하는 치명적인 실수는 상대방의 행동이나 표정 등 한 가지 신체언어만 단편적으로 해석한다는 것이다.

예를 들어 다른 사람과 이야기를 나눌 때, 상대방이 머리를 긁적이는 모습을 보고 난처하기 때문이라고 단정 짓는다. 그러나 머리를 긁는 행동의 원인은 매우 다양하다. 머리가 가려워서, 본인이 말하는 내용이 확실하지 않아서, 할 말을 잊어버려서 등의 이유가 있을 수 있다. 그러므로 어떤 행동의 구체적인 의미는 동시에 발생되는 다른 신체언어와 함께 이해해야 한다. 가령 말을 더듬는다거나, 눈동자를 굴리거나 하는 행동을 함께 관찰해서 평가해야 한다.

2. 말과 신체언어가 일치하는지 파악한다

정신분석학의 대가 프로이트는 다음과 같은 사례를 경험했다. 그를 찾아온 환자가 자신의 결혼생활이 매우 행복하다고 이야기하는 동안, 끊임없이 결혼반지를 꼈다 뺐다하는 동작을 반복했다. 환자의 무의식적인 작은 동작에 주의한 그는 그 행동이 무엇을 의미하는지 알고 있었다. 그래서 나중에 환자의 결혼생활에 문제가 있다는 사실이 밝혀졌을 때 프로이트는 조금도 놀라지 않았다.

신체언어와 말의 일치성을 비교하는 것은 매우 중요하다. 이는 신체언어 배후에 존재하는 진정한 의미를 정확하게 해석할 수 있게 해준다.

3. 환경과 결부시켜 이해한다

간단한 예를 들어보자. 버스 안에 찬바람이 솔솔 불어온다. 이때 당신은 두 손을 가슴 앞으로 모으고 있는 사람을 보았다. 그 사람이 이러한 행동을 하는 이유는 자신을 보호하기 위해서가 아니라 춥기 때문이라는 사실을 알 수 있다. 만약 협상 테이블에서 누군가 손을 가슴 앞으로 모으고 있다면 이는 심리적으로 자신을 보호하기 위해서다. 그는 당신에게 적의를 품고 있을 가능성이 높다. 이처럼 비언어행동을 이해할 때는 환경을 고려해야 한다.

통상적으로 말은 현재 생각하고 있는 것을 표현하지만, 비언어는 감정이나 기분을 전달한다. 그러므로 타인의 심리를 파악할 때는 반드시 종합적이고 다방면적인 요소를 고려해야 한다.

신체언어도
문화마다
다르다

서른이라는 젊은 나이게 성공한 기업가가 있었다. 그는 당당하고 자신감 넘치는 화술로 유명했다. 그를 취재했던 한 기자는 "그는 다른 사람과 이야기할 때 무의식적으로 안경을 손으로 만지고 때로는 두 팔을 곧게 펴고 교차시킨다"고 묘사했다.

기자의 표현을 통해 우리는 그 기업가가 사실 부끄러움을 많이 타고, 남과 사귀는 데 서툰 사람이라는 것을 알 수 있다.

말은 완벽하게 꾸밀 수 있지만 자기도 모르게 나오는 몸동작을 숨기기란 불가능하다. 사람의 대뇌가 어떤 생각을 할 때 신체 각 부위의 세포에 신호를 보내기 때문이다. 이는 우리가 완전히 통제할 수 없고 의식하기도 힘들다. 그렇기 때문에 우리는 사람들의 사소한 동작을 보고 서로의 관계와 상황을 매우 빠르고 정확하게 파악할 수 있는 것이다. 언어가 완전히 발달하기 전에 인류는 타인의 행동을 보고 생각을 해석했다. 이것이 바로 인류의 가장 기본적인 교류 방법이다.

기본적인 교류 신호는 대부분 전 세계 공통이라 할 수 있다. 예를 들어 화가 났을 때, 우리는 미간을 찌푸리거나 성난 눈으로 쏘아보고, 기쁠 때는 크게 웃는다. 이는 본능적인 동작이라 할 수 있다. 타인의 행동을 본 적이 없는 시각장애인도 그렇게 행동하기 때문이다.

언어와 마찬가지로 신체언어도 문화에 따라 다른 의미를 지닌다. 특정 문화에서는 매우 보편적인 동작이 다른 문화권에서는 아무런 의미가 없는 단순한 동작인 경우도 있고, 완전히 상반된 의미를 지니기도 한다.

가령 대부분의 나라에서는 고개를 좌우로 젓는 것이 부정을 의미하지만 불가리아에서는 긍정을 뜻한다. 또한 고개를 뒤로 젖히는 것이 특별한 의미가 없는 나라도 있지만 그리스, 터키, 이탈리아는 고개를 뒤로 젖히면 부정을 의미한다. 따라서 낯선 문화를 접하게 되면 그 문화에 맞는 신체언어를 적절하게 구사해야 한다.

인간과 동물의 신체언어에도 차이가 있다. 인간에게 미소는 상대방에 대한 호의지만 일부 육식 동물들은 미소를 짓는 표정으로 위험하다는 신호를 전달한다.

자세에
드러나는
잠재의식

　　프로이트는 "잠재의식은 의식과 반대되는 개념으로 의식 아래 숨겨진 신비한 힘이다"라고 말했다. 우리는 평소에 드러나는 모습이나 행동으로 상대방의 잠재의식을 관찰할 수 있고, 이로써 진실한 심리를 파악할 수 있다. 우리의 잠재의식이나 성격은 아무리 감추려고 해도 행동으로 드러나기 때문이다.

　어느 일요일, 희정 씨는 친구와 커피숍에서 만나기로 약속했다. 그녀는 고민을 털어놓고 싶었고 친구에게 위로 받기를 원했다.

　커피숍에 앉은 희정 씨는 친구에게 고민을 털어놓기 시작했다. 그러나 그녀의 친구는 한 손을 턱에 괴고 멍하니 희정 씨를 바라보기만 할 뿐이었다. 희정 씨가 "나 진짜 운도 없지?"라고 동의를 구하면 장단을 맞추는 식으로 고개를 끄덕일 뿐이었다.

　그러다 문득 희정 씨는 친구가 아까부터 턱을 괴고 있다는 사실을 발견했다. 그녀의 머릿속에는 어제 읽은 심리학책이 떠올랐다. 책에서는 누군가 턱을 괸 자세로 당신을 바라보고 있다면 당신의 말을 제대로 듣고 있지 않으며, 이야기가 빨리 끝나기를 바라는 것이라고 했다.

그 순간, 희정 씨는 전에도 친구가 항상 같은 자세였다는 사실을 떠올렸다. 그녀는 조금 미안해하며 말했다.

"넌 어떻게 지냈니? 네 얘기 좀 해봐."

그녀의 말이 떨어지기가 무섭게 친구는 턱에 괸 손을 내리더니 눈을 반짝이며 남자친구 이야기를 하기 시작했다.

위의 이야기처럼 대화를 나누고 있는데 만약 상대가 한 손을 턱에 괴고 있다면 그것은 당신 이야기를 듣고 있지 않다는 증거다. 상대는 당신의 이야기를 지루해하며 자기가 말할 순서가 돌아오기를 기다리고 있을 것이다. 사람들은 누구나 남보다 자신의 얘기에 관심이 있기 때문이다.

사람들의 다양한 자세에는 어떤 속마음이 숨겨져 있는지 알아보자.

1. 끊임없이 손으로 아래턱을 쓰다듬는 자세

이야기를 나눌 때 상대방이 손으로 아래턱을 계속 쓰다듬는다면 자신만의 깊은 생각에 빠져있다는 뜻이다. 만약 의심이 든다면 그에게 당신이 방금 무슨 말을 했는지 물어보라. 분명 대답하지 못할 것이다.

2. 손을 허리에 대는 자세

다른 사람에게 자신의 강하고 의연한 모습을 드러내고 싶을 때, 사람들은 손을 허리에 대는 자세를 취한다.

3. 엄지손가락으로 턱을 받치고, 다른 손가락으로는 코나 입을 가리는 자세

당신이 말을 할 때 상대방이 이런 자세를 취하고 있다면 당신의 의견에 전혀 동의하고 있지 않다는 의미다. 반박하고 싶지만 이를 입 밖으로 내기 미안해서 잠자코 있는 것이다.

반대로 상대방이 말을 할 때 코나 입을 손으로 가린다면 이는 진심에서 우러나온 말이 아니라는 것을 뜻한다.

4. 손을 몸통에 가로로 놓는 동작

정치가들의 연설을 자세히 관찰해보면 불안할 때 방어적인 손짓을 취한다는 사실을 발견할 수 있다. 예를 들어 손을 몸통에 가로로 놓는 동작을 취해 정신적인 공격에서부터 벗어나려고 한다.

Tip for mind

세익스피어는 《햄릿》에서 다음과 같이 말했다.
"겉으로는 실실 웃고 있는 사람도 마음속에는 헤아릴 수 없이 많은 생각을 담고 있다."
방위적이고 저항적인 신체언어를 보이면서 미소를 띠고 있는 사람은 속으로 어떻게 하면 당신을 무너뜨릴 수 있을까 계산하고 있을지도 모른다. 그러므로 우리는 상대방의 신체언어를 자세히 관찰해 진심을 파악해야 한다.

일상생활에 숨어 있는 심리 효과

미국의 뇌 과학자 폴 왈렌Paul J. Whalen 교수의 연구에 따르면 뇌의 편도체는 0.017초라는 짧은 순간에 상대방에 대한 호감 여부를 판단한다고 한다. 만남에서 첫인상이 그만큼 중요하다는 것이다. 이를 심리학에서는 초두효과라고 한다. 다양한 심리 효과를 알고 있으면 성공적인 인간관계를 만들어갈 수 있다.

초두효과 Primacy Effect:
성공하는 사람은
첫인상부터 다르다

어느 심리학자가 다음과 같은 실험을 했다.

실험참가자를 A, B 두 조로 나누고 각각 한 장의 사진을 보여주었다. A조에게는 사진 속 인물이 개선의 여지가 없는 범죄자라고 설명했고, B조에게는 저명한 과학자라고 설명했다. 그런 다음 실험참가자에게 사진 속 인물의 외모에 근거해 성격을 분석해보라고 했다. 그 결과, A조는 움푹 파인 눈에 사악함이 감춰져 있을 거라 말했고, 높이 솟은 이마에서 자신의 잘못을 전혀 뉘우치지 않을 것 같은 고집스러움이 느껴진다고 이야기했다. B조는 깊은 눈매는 심오함을 드러내고, 높게 솟은 이마는 과학자로서의 탐구심을 뜻한다고 말했다.

이 실험은 첫인상이 인간관계에 미치는 영향을 잘 드러낸다. 만약 첫인상이 긍정적이라면 이후 서로 교제하는 과정에서 좋은 점을 더 많이 발견하게 된다. 반대로 첫인상이 부정적이라면 그 뒤로 단점만 보게 된다.

이것이 바로 심리학에서 말하는 '초두효과'다. 초두효과란 처음 만났을 때의 인상이 상대방의 머릿속에 각인된다는 것이다. 한번 형성된 첫인상은 바뀌기 힘들고, 이후의 교제에도 직접적인 영향을 끼친다.

때때로 첫인상은 한사람의 운명까지도 결정한다. 초두효과는 선입견으로 드러난다. 선입견으로 형성된 첫인상은 매우 선명하고 강렬해서 잊기 어렵다. 비록 한 번의 만남으로 상대방을 섣불리 판단할 수는 없지만 다수의 사람들은 무의식중에 자신의 감각이 이끄는 대로 따라간다. 그렇기 때문에 인간관계에서 타인의 호감을 얻고 인정을 받으려면 좋은 인상을 남겨야 한다.

그러므로 사람을 처음 만나 이야기를 나눌 때, 다음과 같은 방법으로 좋은 인상을 심어줄 필요가 있다.

1. 단정한 차림새로 품격을 드러낸다

단정한 차림새는 좋은 첫인상을 남기는 전제조건이다. 시각적인 요소가 첫인상에 가장 많은 영향을 끼치기 때문이다.

옷을 고를 때는 유행보다 자신에게 어울리는 옷을 선택한다. 당신에게 어울리는 옷차림에서 자연스럽게 당신의 품격이 드러날 것이다.

2. 예의바르게 말한다

예의와 예절은 지나쳐도 허물로 여기지 않는다는 말이 있다. '안녕하세요', '감사합니다', '죄송합니다' 등 예의바른 말을 적절히 사용하면 인간관계에 큰 도움이 된다. 아무리 사소한 도움을 받았다고 해도 '감사합니다'라는 말 한마디로 당신의 진실한 마음을 전해야 한다.

3. 긍정적이고 상냥하게 말한다

　　말에는 사람의 마음이 담겨 있다. 그렇기 때문에 긍정적이고 상냥한 말을 사용해야 타인과 더욱 가까워질 수 있다. 또한 말을 할 때는 자신만의 개성을 유지하되 일부러 꾸미지 말아야 한다.

Tip for mind

누군가를 만났을 때 3초 안에 첫인상이 결정된다는 사실이 심리학자들의 연구를 통해 밝혀졌다. 이처럼 첫인상은 타인에게 비교적 강한 인상을 남기고, 상대방의 머릿속에 각인된다. 일반적으로 자세, 말투, 옷차림 등은 그 사람에게 내재된 소양과 기타 개성적인 특징을 어느 정도 반영한다고 할 수 있다.

고슴도치 딜레마 Hedgehog's Dilemma :
친할수록
적당한 거리를 두어라

    추운 겨울날, 고슴도치들은 조금이라도 따뜻해지기 위해 가까이 모였다. 그러나 온몸에 난 가시 때문에 서로 상처를 입을 뿐이었다. 그들은 결국 가시에 찔리지 않을 정도의 거리를 유지하며 온기를 나누었다.

    이처럼 가까이 다가갈 수도 없고, 그렇다고 떨어질 수도 없는 상황을 '고슴도치 딜레마'라고 한다. 이는 독일의 철학자 쇼펜하우어의 우화에 등장한 이야기로, 인간관계에서 '심리적 거리'를 강조한다.

    자주 연락을 하고 만나야 관계가 유지된다는 사실은 누구나 알고 있다. 그러나 아무리 친한 친구 사이라도 사적인 시간과 공간이 필요하다. 친구가 되고 싶다는 생각만으로 상대방의 개인적인 공간을 침범해 버린다면 두 사람은 분명 상처를 입을 것이다.

    적당한 거리는 서로의 감정을 보호하는 데 도움이 된다. 감정은 때로

타인에게 상처를 입힌다. 물보다 진한 피를 나눈 가족이라도, 영원한 사랑을 맹세한 연인 사이라도 잘못하면 상대방을 가시로 찌를 수 있다.

그렇다면 인간관계에서 타인과의 거리를 어떻게 유지해야 하는가?

1. 만남의 횟수를 조절하라

관계가 너무 소원하면 원활하게 소통하기 힘들고, 낯선 사람처럼 서먹해질 수도 있다. 반대로 관계가 너무 친밀하면 싫증이 나거나 심지어는 반감이 생기기도 한다. 꼭 만나야 할 일이 있는 것도 아니면서 걸핏하면 만날 약속을 하는 사람이 있는데, 이는 상대방의 사생활을 방해할 뿐만 아니라 귀찮게 만든다. 적절한 거리를 유지하려면 너무 자주 만나지 말아야 한다.

2. 일정한 거리를 유지하라

친구끼리 거리를 두어야 서로 간의 감정을 비우고 다시 채울 수 있는 공간이 생겨난다. '멀리서 친구가 오는데 어찌 기쁘지 아니한가'라고 이야기하는 이유를 아는가? 그것은 먼 거리가 두 사람의 적당한 심리적 거리를 유지시켜주기 때문이다. 거리가 멀수록 상대방을 더욱 소중히 여기게 되고 마찰도 줄어들게 된다.

친할수록 적당한 거리를 두어야 한다. 이때 적당한 거리란 물리적인 거리뿐만 아니라 심리적인 거리도 포함된다. 물리적인 거리는 약간 멀되 심리적인 거리는 가까운 것이 가장 이상적인 형태라 할 수 있다. 적당한 거리를 유지하면 서로 간에 적절한 예의가 생겨나는데, 이러한 예의가 있어야 서로를 존중하고, 상처 주는 일을 피할 수 있다.

조명효과 Spotlight Effect:
왜 사람들은
나만 처다보는 걸까?

　　　　　　한 심리학자가 코넬 대학에서 실험을 진행했다. 그는 한 학생에게 명품 옷을 입히고 강의실로 들어가게 했다. 강의실에 들어가기 전에 이 학생은 강의실 안의 학생들 중 과반수가 자신에게 주목할 것이라고 생각했다. 그러나 실제로 이 학생에게 주목한 학생은 23퍼센트에 불과했다.

이 실험을 통해 우리는 늘 다른 사람이 자신에게 주목하고 있다고 생각하지만 실은 그렇지 않다는 사실을 알 수 있다.

우리는 자신을 중심으로 생각한다. 그렇기 때문에 늘 다른 사람이 자기에게 관심을 가지고 있다고 확대 해석하고, 스스로 남들보다 뛰어나다고 믿는다. 이를 심리학에서는 '조명효과'라고 한다. 조명효과는 누구에게나 존재하는 보편적인 심리로, 이를 제대로 이용하면 상대방의 호감을 얻을 수 있다.

조명효과와 관련된 이야기를 하나 살펴보자.

어느 영업사원이 상사의 지시를 받고 모 회사의 사장을 찾아갔다. 사장은 지금 다른 일로 바쁘니 우선 소파에 앉아 조금만 기다려달라고 했다. 그는 조용히 앉아서 사장실을 둘러보았다. 책상에는 커다란 서류함이 있었고, 책장에는 다양한 책이 가득했다. 그중에서도 가장 눈에 띈 것은 박사학위 사진이었다. 사실 그는 이곳에 오기 전에 이미 상대방에 대한 자료 수집을 마친 상태였다. 이 회사의 사장은 어려운 환경에서 박사학위까지 취득했고, 오늘의 성공을 이루어낸 사람이었다.

사무실을 다 둘러보고 나니 마침 사장이 일을 마치고 돌아왔다. 그는 사장에게 말했다.

"사장님, 박사학위를 받으셨군요. 이렇게 큰 회사를 경영하시며 학업을 병행하시다니, 참 대단하십니다."

사장은 그의 말을 듣고 쑥스럽다는 듯이 웃었다.

"허허, 과찬이십니다."

얼마 지나지 않아 영업사원은 본론으로 들어가 사업이야기를 꺼냈다. 그가 오늘 여기에 온 목적은 재고를 처리해 회사의 재정적인 위기를 해결하는 것이다. 그러나 그가 목적을 사실대로 이야기하자마자 사장의 안색이 확 변했다. 아차 싶었던 영업사원은 재빨리 화제를 전환했다.

"사장님, 사진에 쓰인 글씨는 사장님께서 손수 쓰신 거지요. 정말 기백이 넘쳐흐릅니다. 서예에도 조예가 깊으시군요."

"거참, 별 거 아니라니까요. …… 하긴 내가 옛날에는…."

사장은 멋쩍어하면서 서예에 대한 얘기를 시작했다.

결국 두 회사의 거래는 성립되었고, 영업사원은 승진을 하게 됐다.

현명한 사원은 스포트라이트를 받고 싶어 하는 상대방의 심리적 욕구를 만족시켜 상대방과의 거리를 좁혔다. 분위기가 싸늘해졌을 때, 그는 재빨리 화제를 전환해 다시 한 번 상대방의 심리적 욕구를 만족시켰다. 만약 처음부터 본론으로 들어가 사업이야기를 시작했다면 이처럼 협상이 순조롭게 풀리지만은 않았을 것이다.

비즈니스를 할 때, 상대방이 스포트라이트를 받고 싶어 하는 심리를 공략하면 훨씬 좋은 결과를 얻을 수 있다.

사람들은 누구나 스포트라이트를 받고 싶어 한다. 이는 보편적으로 존재하는 일종의 심리적 약점이다. 그러므로 우리는 인간관계에 있어서 이 '조명효과'를 소홀히 해서는 안 된다.

마태효과 Matthew Effect :
세상은 애초부터
불공평하다

《성경》의 〈마태복음〉에는 다음과 같은 이야기가 있다.

어느 주인이 여행을 떠나기 전에 하인 세 명에게 돈을 주며 이렇게 말했다.

"내가 없는 동안 이것을 본전으로 삼아 돈을 벌어 보거라."

그는 하인들에게 각각 5달란트(유대의 화폐 단위), 2달란트, 1달란트를 주었다.

며칠이 지나고, 주인이 여행에서 돌아왔다.

첫 번째 하인이 말했다.

"주인께서 주신 돈으로 5달란트를 벌었나이다."

주인은 매우 기뻐하며 그에게 그 돈을 주었다.

두 번째 하인이 말했다.

"주인님, 당신께서 주신 2달란트로 저는 2달란트를 벌었나이다."

주인은 역시 기뻐하며 그에게 그 돈을 주었다.

세 번째 하인이 말했다.

"저는 주인님께서 주신 돈을 잃어버릴까봐 소중하게 보관하고 있었습니다."

그러자 주인은 크게 화를 내며 세 번째 하인에게 준 1달란트를 빼앗아 첫 번째 하인에게 주며 말했다.

"무릇 있는 자는 받아 풍족하게 되고, 없는 자는 그 있는 것까지 빼앗기리라."

위의 이야기처럼 가진 자는 더 많이 갖게 되고, 덜 가진 자는 점점 더 잃게 되는 현상을 '마태효과'라고 한다. 이 현상은 미국의 사회학자 로버트 머튼 Robert C. Merton에 의해 언급되었으며 흔히 '부익부 빈익빈'이라고 표현하기도 한다.

사실 우리 주위에도 마태효과는 곳곳에 존재한다. 예를 들어 학급에서 교사는 우등생들이 공부 외에 다른 방면에서도 두각을 드러낼 것이라 기대한다. 실제로 교사들의 격려 속에 그들은 갈수록 다재다능한 학생이 된다. 그러나 열등생은 교사의 냉대를 받아 더욱 말썽쟁이가 되고, 심지어 반 친구들에게 따돌림을 당하기도 한다.

이와 마찬가지로 성공한 사람은 적극적인 심리상태가 추진력이 되어 더욱 성공한다. 그러나 평범한 사람들은 제자리걸음을 하는 경우가 많다. 그래서 그들은 세상이 불공평하다고 원망한다. 물론, 우리는 살아가면서 사람은 누구나 평등하고, 공평하게 경쟁해야 한다고 한다. 그러나 실제로 이 세상에 절대적인 공평함은 존재하지 않는다. 모든 일이 공평하게 이뤄져야 한다고 생각하면 상처를 받게 될 뿐이다.

불공평한 일이 생겼을 때, 다음과 같이 생각을 바꿔보자.

우선, 자기 자신에게 관심을 가져라. 항상 타인만을 주시해서는 안 된다. 자신에게 관심을 갖는 방법을 배우면 쓸데없는 비교로 불공평함을 느끼는 일이 없을 것이다.

다음으로 즐거운 일에 더 많이 주목하라. 마음이 한결 가벼워질 것이다. 일상에 즐거운 일이 계속 일어나는 것은 운이 좋아서가 아니라 당신이 내면의 기쁨을 느끼기 때문이다.

마지막으로, 이 세상에 불공평한 일들이 수없이 많다는 사실을 알아야 한다. 완벽하게 공평한 일은 없다. 과도하게 공평함을 추구할수록 당신은 점점 더 불공평한 대우를 받고 있다고 느낄 것이다. 그러므로 마음을 바로잡고, 백퍼센트 공평함을 추구하지 말자.

Tip for mind

마태효과는 사회심리학, 교육, 금융 등 다양한 영역에 광범위하게 응용된다. 우리는 누구나 공평하게 대우 받기를 원하지만 실제로 절대적인 공평은 존재하지 않는다. 그러므로 현실을 직시하고, 자신의 삶을 중시해야 한다.

메기효과 Catfish Effect: 경쟁자가 있어야 성장한다

북유럽의 노르웨이 사람들은 정어리를 매우 좋아한다.

일반적으로 생선은 죽은 것보다 살아있는 것이 훨씬 비싼 값에 팔린다. 정어리도 마찬가지였기 때문에 현지 어민들은 정어리를 산 채로 항구에 옮겨오기 위해 다양한 방법을 생각해냈지만 결국 실패로 돌아갔다.

그런데 신기하게도 대부분의 정어리를 산 채로 가져오는 어선이 딱 한 척 있었다. 선장은 그 비결을 엄격히 비밀로 지켰고, 그가 세상을 뜨고 나서야 수수께끼의 비밀이 밝혀졌다.

그는 정어리가 든 수조에 메기를 넣는다. 정어리들은 천적인 메기에게 잡히지 않기 위해 열심히 도망 다녔고 그 결과 항구에 도착할 때까지 살아있을 수 있었다.

이것이 바로 유명한 '메기효과'다. 이는 경쟁을 통해 내재된 활력을 이

끌어내는 것이다.

경쟁의 사전적 의미는 이익을 위해 다른 사람과 승리를 다투는 것이다. 긍정적인 경쟁은 자신을 발전시키고 실력을 높이는 원동력이 된다. 인류 사회는 본래 경쟁 사회다. 그러므로 우리는 경쟁의 중요성을 인식하고 경쟁의식을 길러야 한다. 물론 가장 중요한 것은 올바른 경쟁 심리를 갖는 것이다. 그래야만 격렬한 경쟁이 난무하는 세상에서 따뜻한 마음을 잃지 않는다. 그렇지 않으면 당신은 냉혹하고 무정한 사람이 돼버리고 말 것이다.

강한 경쟁상대가 나타났을 때 당신은 어떻게 할 것인가? 질투할 것인가? 부러워할 것인가? 박수를 보낼 것인가? 아니면 별거 아니라고 생각할 것인가? 평소에 눈엣가시 같은 사람이 성공을 했다고 치자. 만약 당신이 그를 위해 박수를 쳐준다면 상대방에게 품었던 불만과 선입견은 사라지고 그가 당신을 대하는 태도도 완전히 바뀔 것이다.

사실 많은 사람이 경쟁상대를 앞에 두고 공격적인 방법을 취한다. 그렇지만 적을 친구로 만들어보는 것은 어떨까? 적을 친구로 만들려면 당신이 먼저 베풀어야 한다. 상대방이 곤경에 빠졌을 때, 그를 짓밟을 기회라고 여겨서는 안 되며, 당신이 성공의 경지에 이르렀다면 상대방 앞에서 우쭐거리지 말아야 한다. 이것이 바로 용기 있는 배려다.

경쟁상대가 있어야 우리도 위기의식을 느끼고 열심히 노력한다. 경쟁상대는 마치 거울과 같아서 스스로 더욱 발전할 수 있는 계기가 된다.

자신을 확실하게 인식할 수 있게 도와주는 것이 바로 경쟁상대다. 라이벌이 있기에 우리의 삶은 무미건조하지 않고, 더욱 찬란하게 빛날 수 있다. 그러므로 그들은 우리에게 감사한 존재다.

 Tip for mind

경쟁은 우리로 하여금 잠재력을 발휘해 놀랄 만한 성과를 얻게 해준다. 그러므로 우리는 올바른 경쟁의식을 지녀야 한다. 경쟁상대는 위협적인 존재가 아니라 향상할 수 있게 격려를 해주는 동반자다. 이러한 마음가짐으로 경쟁상대를 대하면 그도 당신을 적이 아닌 친구로 대할 것이다.

바로 써먹을 수 있는 심리 효과

우리 주변엔 유난히 사람을 끌어당기는 매력적인 사람들이 있다. 그 비결은 무엇 일까? 그것은 바로 그들이 미소, 유머 등 다양한 심리적 효과를 능숙하게 이용하 고 있기 때문이다.

어느 판매원이 손님에게 친절한 미소를 지었다. 그러자 손님도 덩달아 기분이 좋아져서 집에 돌아가 아들에게 미소를 지었다. 그랬더니 아들도 유쾌해져 다음 날 학교에 가서 친구들에게 미소를 지었고, 미소는 이렇게 계속해서 전달되어 갔다. 이것이 바로 심리학에서 말하는 미소효과다.

심리학자들은 연구를 통해 다음과 같은 사실을 발견했다. 결혼을 결심할 때처럼 의미가 있는 목표를 좇는 과정에서 사람의 행복감은 10~15퍼센트 늘어난다. 미소를 띠고 친화적으로 사람을 대하면 행복감은 20~25퍼센트 늘어난다.

미소는 우호를 나타내기 때문에 상대방과의 마음의 거리를 좁히고, 오해나 의심, 불안을 없애준다. 상대방의 미소를 받은 사람은 존중받고 싶다는 심리적 요구가 만족된다.

어느 날, 근심걱정이 가득한 남자가 현자에게 가르침을 청했다.

“어떻게 하면 근심걱정에서 벗어나 즐거움을 누릴 수 있습니까?”

현자는 웃으며 말했다.

“그대가 매일 보는 모든 것들에게 미소를 지으시오.”

남자는 의아해하며 물었다.

“제가 왜 미소를 지어야 합니까?”

“그 이유는 저절로 알게 될 것이오.”

그는 현자의 가르침에 따라 미소를 짓기로 결심하고 그 자리를 떠났다.

반년이 지난 후, 얼굴 가득 미소를 띤 사람이 현자를 찾아와 말했다.

“저는 반년 전에 당신을 찾아왔던 사람입니다.”

그의 얼굴엔 빛이 났고, 입가에는 진실한 미소가 걸려 있었다.

현자는 물었다.

“당신은 미소를 지어야 하는 이유를 찾았소?”

그러자 남자가 말했다.

“그럼요. 저는 우선 몇 번 마주친 적이 있는 신문배달원에게 미소를 지었습니다. 그러자 그는 마치 내 미소에 화답하듯이 진실한 미소를 지어 주었습니다. 그때 저는 온 세상이 아름답다는 사실을 발견했지요.”

그는 이어서 또 다른 경험을 이야기했다.

“실수로 내 옷에 야채수프를 쏟은 음식점 종업원에게 미소를 지었을 때, 그 사람이 온정을 느끼고 감동했다는 사실을 알 수 있었습니다. 그런 생각이 들자 제 마음속에 가득했던 검은 구름이 걷혔습니다. 그런 다음부터 저는 미소에 인색하지 않게 되었고, 혼자 길을 가는 노인에게, 천진난만한 아이에게, 심지어 제게 욕을 퍼붓고 창피를 준 사람에게도 미소를 보냈습니다. 저는 제가 베푼 것보다 훨씬 많은 것을 얻었다는 사실을 발견했습니다. 그리고 사람들로부터 신뢰와 존중, 감동을 받았습니다. 이는 저에게 자신감을 찾아주었고, 더 미소 짓고 싶게 만들어 주었습니다."

현자는 웃으며 말했다.

"당신은 드디어 미소를 지어야 하는 이유를 깨달았군요. 당신의 미소가 씨앗이라면 다른 사람은 바로 땅입니다."

하라 잇페이는 일본 제일의 보험설계사다. 키가 작고 못생긴 그는 처음 보험업계에 발을 들여놓았을 때 계약을 한 건도 따내지 못했다. 그러나 매일 의연하게 정신을 가다듬고, 지나가는 행인들에게 끊임없이 미소를 지으며 인사를 건넸다. 그의 미소는 다른 사람들에게 전염됐고, 훗날 그는 일본 최고의 보험설계사가 되었다.

미국의 여류시인 엘라 윌콕스**Ella Wilcox**는 이렇게 말했다.
"삶이 노래처럼 가볍고 즐거울 때, 미소를 짓기는 쉽다. 그러나 모든 일이 잘 풀리지 않을 때도 여전히 미소 지을 수 있는 사람이야말로 가치 있는 삶을 사는 것이다."
미소의 씨앗을 뿌리는 사람은 누구든지 분명 아름다운 결과물을 수확할 수 있을 것이다.

목표효과 Goal Effect :
목표가 없으면
성취도 없다

한 바이올리니스트가 시각장애인 제자에게 다음과 같이 말했다.

"현이 하나 끊어질 때마다 악기 몸통에 선을 긋도록 해라. 100개의 선을 그으면 너는 눈을 치료할 수 있는 비법을 얻게 될 것이다."

그때부터 맹인 제자는 열심히 연습하기 시작했다. 몇십 년 후, 세계적인 바이올리니스트가 된 그는 드디어 100개의 선을 그었다. 그는 떨리는 마음으로 지인에게 스승이 남긴 종이를 펼쳐보라고 말했다. 그런데 그 종이엔 아무 것도 쓰여 있지 않았다.

눈을 뜨겠다는 목표가 있었기 때문에 맹인 바이올리니스트는 힘들고 긴 시간을 견딜 수 있었다. 이것이 바로 심리학에서 이야기하는 '목표효과'다. 쉽게 말해 목표효과는 명확한 목표를 세우고 그것을 달성해가는 과정에서 의지력이 생긴다는 이론이다.

사막을 혼자 여행하는 사람이 있었다. 그런데 갑자기 거센 폭풍우가 불어와 그는 그만 방향을 잃고 말았다. 게다가 식량과 물을 담은 가방도 잃어버렸다. 온 주머니를 다 뒤져서 사과 한 알을 찾아낸 그는 기쁜 마음에 이렇게 말했다.

"오, 나에게는 아직 사과 한 개가 남아있구나."

그는 사과를 손에 들고 험난한 사막에서 출구를 찾았다. 극심한 갈증과 피곤이 몰려왔지만 그는 손에 든 사과를 바라보며 힘을 냈다. 그리고 마음속으로 되뇌었다.

"내겐 아직 사과가 있어. 내겐 아직 사과가 있어."

사흘 후, 그는 드디어 사막에서 빠져나왔다. 시종일관 한 입도 먹지 않은 채 들고 있던 사과는 이미 바짝 말라 있었다.

우리는 살아가면서 다양한 어려움과 좌절을 겪게 되는데 결코 포기해서는 안 된다. 위의 이야기에 나오는 사막은 우리의 인생이고, 사과는 신념이자 목표다. 목표를 추구하는 과정에서 어려움을 겪더라도 계속 노력해야 한다. 목표와 신념은 두려움과의 전쟁에서 승리할 수 있는 무기다. 우리는 확고한 목표를 세워야만 방향을 잃지 않고 앞으로 나아갈 수 있다.

어느 대학에서 목표가 인생에 미치는 영향에 대한 추적 조사를 진행했다. 조사 대상은 학력, 환경 등의 조건이 비슷한 젊은이들이었다. 그중 목표가 없는 사람이 27퍼센트, 목표가 모호한 사람이 60퍼센트, 명확하지만 단기적인 목표를 가진 사람이 10퍼센트, 확실하고 장기적인 목표를 가진 사람이 3퍼센트였다.

25년에 달하는 기간 동안 진행된 추적 조사를 통해 매우 흥미로운 사실이 밝혀졌다. 확실하고 장기적인 목표가 있었던 3퍼센트의 사람들은 25년 동안 자신의 인생 목표를 거의 바꾸지 않았고, 줄곧 한 방향을 보며 노력했다. 25년 후, 그들은 대부분 사회 각계에서 성공한 정상급 인사가 되어 있었다. 그리고 명확하지만 목표가 단기적이었던 10퍼센트의 사람들은 25년 후 대부분 사회의 중산층이 되어 있었다. 단기적인 목표를 끊임없이 달성하는 동안 생활수준이 원만하게 상승했고, 그들은 각 분야에서 결코 없어서는 안 될 전문가가 되어 있었다. 그들의 직업은 대부분 의사, 변호사 등이었다.

한편, 목표가 모호했던 60퍼센트의 사람들은 25년 후 대부분 사회의 중하층을 차지하고 있었다. 그들은 안정된 생활과 교육을 받을 수 있었지만 특별한 성과는 거두지 못했다. 목표가 없었던 27퍼센트의 사람들은 25년 후 대부분 사회의 최하위계층이 되어 있었다. 경제적인 형편이 좋지 않았고, 직장을 잃고 사회적인 구제 제도에 기대 살았다. 그리고 항상 자기 처지를 원망했다.

현재 당신이 다른 사람과 별 차이가 없다면 그것은 스타트라인을 막 출발했기 때문이다. 다른 사람보다 총명하지 않거나 운명이 당신을 특별히 도와주지 않는 이상 당신은 위의 조사 대상의 60퍼센트나 27퍼센트에 속하게 된다. 당신은 목표가 확실한 10퍼센트, 더 나아가 3퍼센트가 되기 위해 노력해야 한다.

누군가 말했다. 연령을 불문하고 목표를 설정하는 바로 그날부터 진정한 인생이 시작된다고. 목표를 정하기 전에 지나간 날들은 길을 빙빙 돌아온 것에 불과하다. 성공을 하고 싶다면 반드시 명확한 목표를 가져야 한다. 엘리트들이 성공할 수 있었던 것은 그들에게 명확한 목표가 있었기 때문이다.

 **Tip for mind**

목표가 없는 사람은 방향타가 없는 배와 같다. 이런 배는 어딘가에 정착하지 못하고 망망대해를 표류할 수밖에 없다. 많은 사람이 힘들게 노력하는데도 불구하고 성공하지 못하는 이유는 무엇일까? 그것은 그들이 세운 목표가 모호하거나 실행할 수 없는 것이기 때문이다.

권위효과 Authority Effect:
권위자의 말에
담긴 힘

　　　　　권위효과란 지위가 높거나 사람들의 존경을 받는 사람의 말과 행동이 다른 사람들에게 큰 영향을 끼치는 효과를 말한다. 우리는 권위효과를 통해 상대방에게 '이는 권위 있는 사람의 말이므로 의심해서는 안 된다'는 암시를 줄 수 있다.

　권위효과가 보편적으로 존재하는 이유는 두 가지다.

　하나는 사람의 숭배 심리를 만족시키기 때문이다. 숭배 심리는 사람들로 하여금 위신이나 권력을 가진 사람들이 하는 말을 깊이 신뢰하게 만든다.

　다른 하나는 사람들이 안전하고자 하는 심리를 가지고 있기 때문이다. 사람들은 권위 있는 인물을 본보기로 삼고 그들의 말을 믿으면 안전하고, 실수를 저지를 위험도 낮아진다고 생각한다.

　하버드 대학 심리학과의 어느 강좌에서 교수가 학생들에게 빌 박사라는 손님을 소개했다.

"빌 박사님은 세계적으로 유명한 화학자인데 오늘 한 가지 실험을 하기 위해 이곳에 오셨습니다."

빌 박사는 가방에서 액체가 담긴 유리병을 꺼낸 다음, 학생들에게 말했다.

"이것은 제가 지금 연구하고 있는 물질인데, 휘발성이 강해서 병마개를 열면 바로 공기 중으로 확산됩니다. 그러나 이 물질은 전혀 해롭지 않고 냄새도 조금밖에 나지 않습니다. 냄새를 맡은 사람은 바로 손을 들어 주시기 바랍니다."

말을 끝마친 빌 박사는 천천히 병마개를 열었다. 어느 정도 시간이 흐르자 학생들은 맨 앞줄부터 뒷줄까지 순서대로 손을 들었다.

"좋습니다. 실험은 이로써 끝입니다."

교수는 학생들에게 말했다.

"여러분에게 고백할 것이 하나 있는데 이 분은 사실 우리 학교 교수님 중 한 분입니다. 화학에 대해선 전혀 모르는 분이죠. 그리고 병 속에 담긴 물질은 물입니다."

어안이 벙벙해진 학생들은 서로의 얼굴을 바라보았다. 그렇다면 방금 냄새를 맡은 것은 무엇이란 말인가? 교수는 이어서 말했다.

"여러분은 권위 있는 빌 박사의 암시를 받았기 때문에 병에 담긴 물질의 냄새를 맡았다고 착각한 것입니다."

권위효과에 대한 또 다른 예를 살펴보자.

대학에서 심리학을 전공하는 짐은 독거노인인 윌슨 부인을 돌보는 일을 맡고 있었다. 짐은 매우 열성적이고 책임감 있는 학생이라 부인의 깊은 신임을 얻었다.

어느 날 저녁, 부인이 짐에게 말했다.

"짐, 혹시 수면제 있니? 잠이 오지 않아서 말이야."

짐에게는 수면제가 없었지만 그는 순간적으로 기지를 발휘해 윌슨 부인에게 말했다.

"지난주에 친구가 프랑스에 다녀오면서 특효가 있는 수면제를 사다줬어요. 찾아서 가져다 드릴 테니 조금만 기다리세요."

'특효가 있는 수면제'라는 짐의 말을 듣고 부인은 고개를 끄덕였다.

짐은 비타민제를 찾아 윌슨 부인에게 가져갔다.

"이게 바로 특효가 있는 수면제예요. 한 알 드시면 분명 잠이 잘 올 거예요."

노부인은 기뻐하며 '특효 수면제'를 복용했고, 다음날 아침 짐에게 말했다.

"네가 준 수면제, 정말 효과가 좋더구나. 어제 먹고 나서 금방 잠이 들었단다. 이렇게 편히 잠을 잔 건 정말 오랜만이야. 그 수면제 좀 더 줄 수 있겠니?"

짐은 어쩔 수 없이 그녀에게 비타민제를 몇 알 더 주었다. 1년이 지난 후에도 윌슨 부인은 종종 짐이 준 수면제 이야기를 했다.

이것이 바로 심리적 암시다. 윌슨 부인은 짐을 무척 신뢰했기 때문에 그의 거짓말을 그대로 믿었던 것이다. 그녀는 심리적 암시가 강력하게 발휘되어 약의 효과를 볼 수 있었다.

 Tip for mind

중국 6조 시대 때 유협劉勰은《문심조룡文心雕龍》이라는 책을 썼지만 아무도 주목하는 사람이 없었다. 그는 당시의 유명한 문학가 심약沈約을 찾아가 자신의 작품을 검토해 달라고 부탁했다. 그러나 심약이 거들떠보지도 않자, 유협은 책 파는 사람으로 가장해 그에게 책을 소개했다. 심약이 다시 책을 읽고 높은 평가를 내린 덕분에《문심조룡》은 중국 문학 최고의 작품이 될 수 있었다.

유머효과 Humor Effect:
유머는
모두를 기분 좋게 한다

백악관에서 피아노 연주회가 열렸을 때의 일이다. 로널드 레이건Ronald Reagan 대통령이 연설을 하고 있는 도중 부인 낸시 레이건 여사가 의자에 앉은 채로 강단 밑으로 떨어지고 말았다. 관중들은 모두 깜짝 놀라 소리를 질렀지만 낸시 여사는 재빨리 일어나 원래 자리로 돌아갔다. 이 모습을 바라본 수백 명의 내빈들은 열렬한 박수를 보냈다. 그러자 레이건 대통령이 말했다.

"여보, 내가 말했잖소. 사람들이 나한테 박수를 치지 않을 때만 그런 퍼포먼스를 보여주라고 말이오."

유머는 인간관계에서 윤활유 역할을 하기도 한다. 곤란하고 난감한 상황을 피할 수 없을 때, 유머는 좋은 해결책이 된다. 재치 있는 방법으로 어색한 상황에서 벗어날 수 있고, 여유로운 분위기로 전환시킬 수 있다. 유머는 일상생활에 늘 존재하며, 특히 여러 사람이 모이는 자리에서는 결코 빠질 수 없는 감초 같은 존재다.

　링컨 대통령이 군중 앞에서 연설을 할 때의 일이다. 갑자기 사람들 틈에서 한 남자가 불쑥 튀어나오더니 링컨 대통령에게 쪽지를 건넸다. 링컨은 그것을 재빨리 펴보았다. 쪽지에는 '바보'라고 쓰여 있었다. 당시 대통령의 주위에 있던 사람들은 모두 그 내용을 보았다. 그들은 링컨 대통령이 이 도발에 과연 어떻게 대처하는지 주시하고 있었다. 링컨은 잠시 생각하더니 웃으며 말했다.

　"제가 지금 익명의 편지를 받았는데요, 편지에 내용은 없고 보낸 사람의 서명만 달랑 쓰여 있군요."

　링컨 대통령이 말을 마치자 관중들은 그의 기지와 유머감각에 일제히 박수를 보냈다. 쪽지를 건넨 사람은 고개를 숙인 채 군중들 사이로 사라졌다. 잠시 긴장됐던 분위기는 어느 새 부드러워졌고 연설은 계속 됐다.

　이처럼 몸과 마음이 지친 사람들에게 유머는 좋은 휴식이 되고, 슬픔을 겪고 있는 사람들에게는 위로가 된다.

Tip for mind

　살다보면 우리는 종종 실망, 슬픔 등 비관적인 감정에서 벗어나지 못하거나 난감한 상황에 처하게 된다. 이때 분위기를 전환시키는 가장 최선의 방법은 유머다. 유머는 엄숙하고 긴장된 분위기를 부드럽게 해주고, 사람들의 기분을 풀어준다.

문간에 발 들여놓기 효과 Foot In The Door Effect:
목표를 향해
한 단계씩 다가가라

어느 심리학자가 자선 단체를 대신해 기부금을 모금하고 있었다. 그런데 어떤 사람들에게는 "아주 적은 돈이라도 괜찮습니다"라고 이야기했고, 다른 사람들에게는 아무런 말도 하지 않았다. 그 결과 말을 건네지 않은 사람보다 말을 건넨 사람들의 기부율이 훨씬 높았다.

심리학적으로 볼 때 사람들은 별다른 노력을 하지 않아도 되는 사소한 요구는 기꺼이 받아들인다. 그 요구를 받아들이고 나면 단계적으로 어려운 요구를 받아들이기 시작하는데 이것이 바로 문간에 발 들여놓기 효과다. 사람들은 일단 타인의 작은 요구를 받아들이고 나면 자신의 이미지를 유지하기 위해 더 큰 요구도 받아들이게 된다.

이러한 문간에 발 들여놓기 효과는 마케팅이나 포교활동에 이용되기도 한다.

1966년에 미국 스탠퍼드 대학의 심리학 교수 조너선 프리드먼Jonathan Freedman과 조수 스콧 프레이저Scott Fraser는 다음과 같은 실험을 진행했다. 조수는 두 지역의 주민들에게 집 앞에 '운전 조심하세요'라는 푯말을 세워도 되는지 물어보았다. A지역에서는 단도직입적으로 푯말을 세우게 해달라는 요구를 했는데 요구를 받아들인 주민은 17퍼센트에 불과했다. B지역에서는 우선 주민들에게 안전운전에 대한 청원서에 서명을 해달라는 부탁을 했다. 이는 간단한 부탁이었기 때문에 대부분의 주민이 서명을 해주었다. 그리고 몇 주 후, 그들을 다시 방문해서 푯말을 세우게 해달라는 부탁을 했을 때, 무려 55퍼센트의 사람들이 요구를 받아들였다.

똑같은 요구인데도 결과가 확연히 다른 이유는 무엇일까?

프리드먼은 이렇게 말했다.

"사람들이 자기가 할 수 있는 부탁을 쉽게 들어주는 것은 자연스러운 일이다. 일단 사소한 요구에 응하고 나면 어려운 요구에도 응하는 경향이 있다."

문간에 발 들여놓기 효과는 스포츠에도 적용할 수 있다.

1984년, 도쿄 국제마라톤대회에서 일본 선수 야마다 모토이치山田本一가 우승했다. 기자들이 그에게 우승할 수 있었던 이유를 물었을 때, 그는 한 마디 말만 남겼다.

"저는 지혜로 경쟁자들을 이긴 것입니다."

당시 사람들은 야마다 선수가 한 말의 의미를 이해하지 못했다. 마라톤과 지혜가 도대체 무슨 연관이 있단 말인가?

2년 후, 마라톤 대회가 이탈리아 밀라노에서 열렸고, 야마다 선수가 또한 번 우승했다. 경기가 끝난 후, 기자들은 그에게 우승의 비결을 물었고 그는 전과 같은 대답을 했다.

"지혜로 이겼습니다."

기자들은 여전히 그가 이야기하는 지혜가 무엇인지 이해하지 못했다. 10년 후, 야마다는 자서전에 이렇게 썼다.

"매번 경기 전에, 나는 경기 코스를 유심히 살펴보고, 비교적 눈에 띄는 표지를 기억해 놓는다. 예를 들어, 첫 번째 표지는 은행, 두 번째 표지는 커다란 나무, 세 번째 표지는 붉은 건물…. 실제 경기에서 나는 최선을 다해 첫 번째 목표를 향해 달려간다. 첫 번째 목표에 다다르면 같은 방법으로 두 번째 목표를 향해 뛴다. 아무리 긴 코스라도 여러 개의 목표로 나누면 전 코스를 가볍게 달릴 수 있다."

목표를 단번에 이룰 수는 없다. 착실하게 한걸음씩 나아가는 것만이 성공으로 가는 지름길이다.

상대방에게 비교적 큰 요구를 할 때 직접적으로 이야기하면 거절당하기 쉽다. 그러므로 처음에는 작은 요구를 하는 것이 좋다. 일단 작은 요구에 대한 승낙을 받은 다음 큰 요구를 이야기하면 받아들여질 가능성이 높다. 남에게 부탁을 하거나 설득할 때, 문간에 발 들여놓기 효과를 활용해 보자.

헤라클레스효과 Hercules Effect: 증오는 더 큰 증오를 부른다

　　　　오해와 질투로 사이가 좋지 않은 사람에게 보복을 해봤자 원한만 깊어질 따름이다. 어느 한쪽이 그만두지 않는 이상 더욱 악랄하게 괴롭히려 할 것이고, 이 과정에서 적의는 더욱 깊어진다. 증오가 증오를 부르는 이러한 현상이 바로 헤라클레스효과다.

　헤라클레스효과를 쉽게 설명하자면 '눈에는 눈, 이에는 이'라고 할 수 있다. 우리는 될 수 있는 한 이 효과를 피해야 상대방의 적의를 없애고 원만한 인간관계를 형성할 수 있다.

　헤라클레스효과는 그리스 신화에서 비롯됐다.

　헤라클레스는 힘센 영웅이었다. 어느 날, 그는 길을 걷다가 길가에 주머니가 떨어져 있는 것을 보았다. 그 모습은 매우 기괴했다. 헤라클레스는 꼴 보기 싫다는 이유로 주머니를 힘껏 밟아버렸다. 그러나 주머니는 터지기는커녕 점점 더 부풀어 올랐다. 헤라클레스는 자신 같은 힘센 영웅이 이 따위 보기 흉한 물건에 질 수 없다고 생각했다. 그는 생각할수록 화가 났고, 마음속의 분노는 쌓여갔다.

그는 길가에서 나무 막대기 하나를 주워 주머니를 내리쳤다. 그랬더니 주머니는 점점 부풀어 올라 결국 길을 완전히 막아버렸다. 헤라클레스는 답답해 죽을 것 같았지만 이미 온몸의 힘을 다 써버린 상태였기 때문에 어쩌지 못하고 있었다. 이때 한 성자가 헤라클레스 앞에 나타나 말했다.

"친구여, 더 이상 그것을 건드리지 마시오. 그것은 원한의 주머니라오. 당신이 신경 쓰지 않으면 처음 보았을 때처럼 다시 작아질 것이고, 건드리면 당신과 끝장을 볼 때까지 부풀어 오를 것이오."

우리 마음속에 있는 원한은 헤라클레스가 길에서 마주친 주머니와 같다. 그대로 내버려두면 그것은 저절로 사라질 것이다. 그러나 만약 가만두지 않으면 몇 배가 되어 당신에게 돌아온다. 헤라클레스효과의 영향을 받지 않으려면 내면의 원한을 무시하고 될 수 있는 한 잊는 편이 좋다.

Tip for mind

인간관계에 있어서 복수를 하는 사람이나 남을 미워하는 자는 진정한 승자가 될 수 없다. 그러므로 우리는 헤라클레스효과가 나타나는 것을 막고, 관용과 인내심을 길러야 한다.

심리적 오류에 관한
심리 분석

살다보면 우리는 종종 선택의 기로에 놓인다. 실패할까 봐 두려워 과거의 관습을 따르고, 다른 사람이 하는 방식을 모방한다. 때론 큰길에서 벗어나 다른 길로 빠져보는 건 어떨까? 두려워 말고 자신의 판단을 믿어라.

두려워 말고
자신의 판단을
믿어라

누구나 실패를 두려워한다. 우리는 어떤 일을 결정하기 전에 이런저런 걱정을 하고 망설인다. 두려움 때문에 동요하고, 결국에는 두려움에 패배해 아무런 결정을 내리지 못한다. 심리학자들은 우리 마음속에 존재하는 부정적인 심리인 두려움 때문에 자신의 판단력을 믿지 못한다고 말한다.

우리 주위엔 다른 사람의 장점과 자신의 단점을 비교하는 사람도 있고, 믿어서는 안 될 말을 믿는 사람도 있다. 그들은 자신에게 숨겨진 무궁무진한 잠재력을 모르기 때문에 심리적으로 위축되는 것이다. 그리고 자기도 모르는 사이에 두려움이라는 '영혼의 감옥'을 만들어버리고 만다.

현재의 삶이 자신이 원하던 것이 아니라고 한탄하는 사람들이 있다. 그들은 원대한 계획과 이상을 이야기하면서도 결코 실천하지 않는다. 왜 실천하지 않느냐고 물으면 그들은 고개를 저으며 이렇게 대답한다.

"내 계획이 성공하기는 힘들 것 같아. 사실 나는 실패할까 봐 너무 두려워."

늘 걱정만 하면 결코 변화할 수 없다.

판단과 결정을 내리기 전부터 실패를 걱정하고 물러서기만 한다면 성공과 목표는 당신 곁에서 점점 멀어져갈 것이다.

반대로 삶을 즐기고 만족을 느끼는 사람이 있다. 그들이 부유한 삶, 좋은 집과 직업 때문에 만족스러운 것은 결코 아니다. 다른 사람보다 결단력이 있고 최악의 결과를 두려워하지 않기 때문이다. 그들은 늘 진실한 마음으로 원하는 것을 좇는다.

진정으로 용감한 사람은 내면에 두려움이 없는 사람이다. 정확한 판단력으로 늘 결단력 있게 결정을 내리며 자신만의 길을 간다. 그렇기 때문에 결국 성공하게 되는 것이다.

Tip for mind

두려움은 자신감과 판단력을 한꺼번에 집어삼키는 함정과도 같다. 정확한 판단을 내리려면 우선 두려움을 극복해야 한다.

고정관념이라는
족쇄를
풀어라

미국 캘리포니아 주에 오래된 호텔이 하나 있었다.

새로운 엘리베이터를 지으려는 호텔 사장은 거금을 들여 세계 각지의 유명 건축가와 설계자를 불러들였다. 사장은 그들이 엘리베이터 짓는 문제를 해결해주리라 믿었다.

초빙된 건축가와 설계사들은 경험이 매우 풍부한 사람들이었다. 그들은 경험에 비추어 볼 때, 엘리베이터를 개조하기 위해서는 호텔 영업을 중지해야 한다고 했다. 그 말을 듣고 사장은 고민에 빠졌다. 영업을 중지하면 막대한 경제적 손실을 입기 때문이었다.

사장이 물었다.

"뭔가 특별한 방법은 없을까요?"

"없습니다. 저희는 이보다 좋은 방법을 찾을 수 없다는 데 의견이 일치합니다. 호텔이 6개월이나 영업을 정지해서 손실을 입는 점은 저희도 참 유감스럽습니다만…"

건축가와 설계사들이 말했다.

이 문제로 사장이 골치를 썩고 있을 때, 호텔의 젊은 청소부가 깜짝 놀랄 만한 의견을 제시했다.

"엘리베이터는 꼭 호텔 내부에만 설치해야 하나요? 바깥에 설치하면 안 되나요?"

"그렇게 좋은 생각이 있었다니! 왜 미처 생각하지 못했을까."

건축가와 설계사들은 청소부의 참신한 아이디어에 감탄했다.

호텔은 신속히 청소부의 아이디어를 채택해 호텔 외부에 엘리베이터를 설치했다. 이는 건축 역사상 최초의 옥외 엘리베이터가 되었다.

젊은 청소부는 어떻게 다른 사람들이 생각지도 못한 기발한 아이디어를 낼 수 있었을까? 이는 그가 전문가들의 고정관념을 뛰어넘었기 때문이다. 엘리베이터는 반드시 내부에 설치되어야 한다는 고정관념을 갖고 있었던 건축가와 설계사들은 외부에 엘리베이터를 설치한다는 생각은 꿈에도 하지 못했다.

우리는 경험과 능력이 풍부한 사람의 의견을 존중한다. 그들은 권위가 있고, 그들의 경험은 문제를 해결하는 데 도움을 주기 때문이다. 그러나 경험을 쌓는 과정에서 그들에게는 고정관념이 형성된다.

사람들은 문제를 해결할 때 자신의 경험을 따르게 된다. 그러나 이때 기술이나 학력이 아무리 뛰어나도 고정된 사고방식에서 벗어나지 못한다는 게 문제다. 건축가와 설계사들은 전문적인 상식에 속박되었지만, 청소부는 시시콜콜한 제약에 사로잡히지 않고 넓게 사고할 수 있었다. 그렇기 때문에 전문가들도 생각하지 못한 묘수를 생각해낸 것이다.

경험이 풍부한 사람들이 일을 할 때 이것저것 걱정이 많고 소극적인 이유는 성공할 확률이 백퍼센트가 되지 않으면 괜히 힘을 낭비할 필요가 없다고 생각하기 때문이다. 오히려 자신의 판단력을 굳게 믿은 초보자나 비전문가가 대단한 방법을 생각해낸다.

현대사회는 참신함을 강조한다. 신선한 아이디어에서 중대한 발견이 이루어진다. 그러므로 다른 사람을 모방하거나 낡은 틀에 매달리는 태도를 버려야 좋은 성과를 얻을 수 있다.

경험과 능력은 우리로 하여금 먼 길을 돌아가지 않게 해주는 긍정적인 면이 있다. 동시에 관습에 얽매여 창의성을 방해하기도 한다. 경험과 능력이 사고 능력에 끼치는 부정적인 영향에서 벗어나고 싶다면 용감하게 관념적인 사고, 경험주의 등을 버리고 자신의 사고 능력에 족쇄를 채우지 말아야 한다. 구체적인 방법은 다음과 같다.

1. 뇌를 많이 사용하라

사고는 새로운 문제와 의문을 발견하게 만드는 전제조건이다. 그리고 우리가 진리를 찾을 수 있게 도와주는 유일한 경로다. 성공한 사람들은 대부분 사고력이 뛰어나다. 뉴턴은 사과가 땅에 떨어지는 현상을 보고 의문을 품어 만유인력을 발견했고, 아인슈타인은 태양에 대해 의문을 품고 상대성이론을 완성시켰다. 선생님에게 "왜요?"라고 묻는 것을 가장 좋아했던 에디슨은 위대한 발명가가 되었다.

2. 상상력을 발휘하라

문제가 생겼을 때 관습적인 생각을 타파하고 상상력을 발휘하라. 모든 일에 천편일률적인 답안은 없다. 다른 답과 견해를 용감하게 제시해야 경험에 속박되지 않는 판단력을 기를 수 있다.

3. 자신을 굳게 믿어라

내면의 소리를 듣는 것, 자신을 믿는 것은 매우 중요하다. 용감하게 자신만의 길을 나아가면 실수나 실패도 두렵지 않다. 자신감 없이 정해진 길을 가는 사람은 참신한 인재가 되기 어렵다.

 Tip for mind

누군가 말했다.

"당신은 사람들이 다니는 큰길에서 벗어나 숲으로 들어가야 한다. 그러면 지금껏 발견하지 못한 새로운 무언가를 발견할 것이다."

전통적인 관념과 습관적인 사고의 한계를 벗어나고 싶다면 사고의 속박과 고정관념을 깨고, 활발한 사고 능력을 길러라.

유혹의
늪에
빠지는 이유

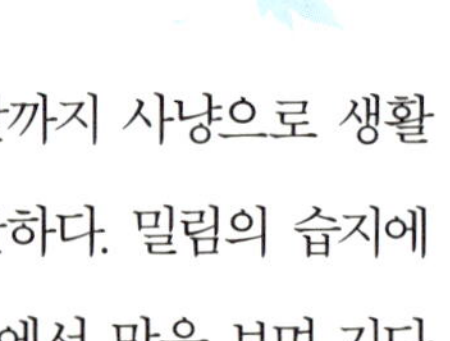

　　남아프리카의 밀림에는 오늘날까지 사냥으로 생활하는 원시부족이 있다. 그들의 사냥법은 매우 간단하다. 밀림의 습지에 진흙을 바른 다음 그 위에 작은 짐승을 놓고 먼 곳에서 망을 보며 기다리는 것이다. 육식동물은 작은 짐승을 노리고 한 걸음씩 진흙으로 다가가다가 습지에 빠져버리고 만다.

　　육식동물은 왜 함정에 빠지고 말았을까? 눈앞의 작은 짐승을 잡겠다는 욕망 때문에 주위 상황을 제대로 살피지 않았기 때문이다.

　　우리 주위에는 신기하고 멋진 것들이 가득하다. 의식주나 취미 등 다양한 영역에서 얼마든지 다채로운 선택을 할 수 있다. 그러나 과도하게 사치스럽고 화려한 생활이 습관화되면 자아를 잃기도 하고, 어느 것이 옳고 그른지 정확하게 판단하는 능력을 잃기도 한다. 심지어는 물질적인 욕망을 만족시키기 위해 옳지 않은 일을 저지르려는 생각마저 하게 된다. 실제로 우리 주위에는 욕망 때문에 자아를 잃고, 함정에 빠지는 비극이 항상 일어나고 있다. 많은 정치가들이 초심을 잃고 자신의 이익을 위해 비리를 저지른다. 그러다 결국에는 법의 제재를 받는다.

혼란스러운 현대사회에는 사람들을 유혹하는 돈이나 권력, 지위, 명예가 넘쳐난다. 사람들은 오로지 물질적인 것에만 관심을 쏟고, 지나친 욕심에 자기 자신을 잃는다. 이에 대해 우리는 깊이 반성할 필요가 있다.

우리가 유혹의 늪에 빠지게 되는 이유는 욕망 때문이다. 욕망은 마치 약물처럼 사람을 중독 시킨다. 사람은 욕망이 한 번 만족되면 계속해서 더 많은 욕망을 채우려고 한다. 이는 밑 빠진 독에 물을 붓는 격이라 아무리 채워도 결코 채워지지 않는다. 그러다 결국에는 욕망의 지배를 받게 되고, 심지어는 욕망의 노예가 되어버린다. 성공하기 위해서는 우선 내면의 욕망을 억제하고 외부로부터의 다양한 유혹을 견디는 법을 배워야 한다. 그러기 위해서는 다음 사항에 주의해야 한다.

1. 스스로 끊임없이 경고하라

우리는 다른 사람들의 성공과 실패를 거울삼아 자신에게 경고할 수 있다. 실제로 탐욕 때문에 지위도 명예도 잃고, 오명을 남긴 사람이 허다하다. 우리는 이러한 사례를 통해 시시각각 자신을 일깨우고 탐욕을 없애야 한다.

2. 항상 반성하라

항상 반성하는 태도를 갖자. 사람은 목표를 향해 나아가는 동안 끊임없이 장애물과 함정에 시달린다. 이때는 자아 반성을 통해서 자신을 방해하는 다양한 유혹과 장애물을 제거하라. 그러면 목표를 향해 나아가는 길은 더욱 넓어질 것이다.

종이에 자신이 좋아하는 것 20개 정도를 써보도록 하자. 너무 깊게 생각하지 말고 하나당 20초 내에 적도록 한다. 전부 다 적은 다음에 어떤 것이 합리적인지, 과도한 욕망인지 하나하나 분석해보는 것이다. 이를 통해 탐욕의 대상과 범위를 명확히 알 수 있다. 마지막으로 탐욕적인 심리가 생기는 원인과 위해성에 대해 심층적으로 분석하도록 한다.

3. 만족하는 마음을 가져라

욕망을 가라앉히는 가장 좋은 방법은 현재에 만족하는 것이다. 만족할 줄 알면 자기 분수에 맞게 생활하게 되고 삶이 즐거워진다. 이를 통해 우리는 심리적 균형을 유지할 수 있다.

우리는 한 번뿐인 인생을 소중히 해야 한다. 그리고 명예와 이익에 이끌리지 말고 자제하는 법을 배워야 한다. 자신의 내면에 충실하고, 이성적으로 침착하게 인생의 길을 걸어 나가면 더욱 흥미진진한 인생을 살 수 있을 것이다.

사람이라면 누구나 마음속에 욕망을 품고 있다. 그러나 불필요한 욕망을 가지치기 하면 정확한 시각으로 미래를 내다볼 수 있다.

다른 사람을
쉽게
믿지 말라

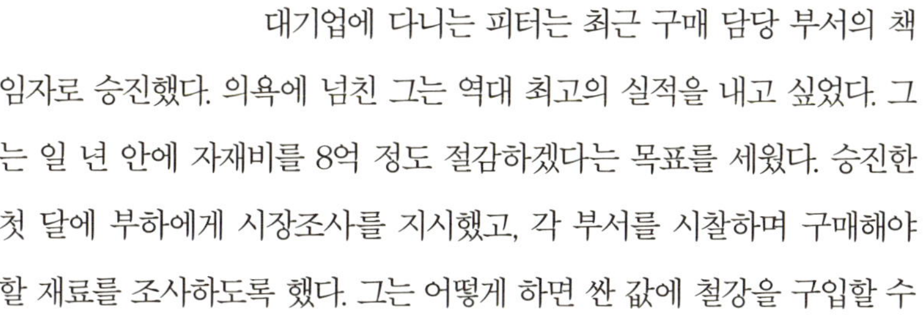

　　대기업에 다니는 피터는 최근 구매 담당 부서의 책임자로 승진했다. 의욕에 넘친 그는 역대 최고의 실적을 내고 싶었다. 그는 일 년 안에 자재비를 8억 정도 절감하겠다는 목표를 세웠다. 승진한 첫 달에 부하에게 시장조사를 지시했고, 각 부서를 시찰하며 구매해야 할 재료를 조사하도록 했다. 그는 어떻게 하면 싼 값에 철강을 구입할 수 있는지 궁리하기 시작했다.

　피터가 철강을 구입하려한다는 사실이 알려지자 수많은 회사에서 연락을 취해왔다. 그중 한 회사가 현재 시세의 절반 가격으로 철강을 팔겠다는 소식을 알려왔다. 원래는 대형 레저시설을 건축하는 데 쓰일 철강이었는데, 투자자가 사업에서 손을 떼는 바람에 건축 자재들이 방치되어 있다는 것이었다. 피터는 호박이 넝쿨째로 굴러 떨어졌다고 기뻐하며 즉시 계약을 맺었다. 그는 분명 상사에게 크게 칭찬받을 거라고 생각했다. 그러나 물건을 인수한 다음 날, 그는 해고 통지를 받았다. 도대체 어떻게 된 일일까?

피터가 구입한 철강이 도착했을 때, 건축사가 이를 살펴보다 일반적인 철강과 질이 완전히 다르다는 사실을 발견했다. 품질이 상당히 떨어져서 건축 재료로는 사용할 수 없을 정도였다. 피터는 급히 철강 회사에 연락을 취했지만 그들은 이미 흔적도 없이 사라진 뒤였다. 망연자실한 그는 이 사건을 통해 다른 사람을 쉽게 믿어서는 안 된다는 교훈을 얻었다.

피터는 왜 그렇게 쉽게 속아 넘어갔을까? 상대방이 제공한 정보만 철석같이 믿고 다른 정보를 제대로 확인하지 않았기 때문이다.

중국에 "사람을 만나면 30퍼센트만 이야기하고, 마음 전부를 보이지 말라逢人且說三分話, 未可全抛一片心"는 속담이 있다.

경쟁이 날이 갈수록 치열해지는 현대사회에서, 모든 사람이 공정한 방식으로 경쟁에 임하는 것은 아니다. 상대방이 하는 말이 진실하다고 증명되지 않은 이상, 우리는 그 말을 곧이곧대로 믿으면 안 된다.

Tip for mind

성공하기 위해선 다른 사람의 말을 쉽게 믿지 말고 자신의 주관으로 판단해야 한다. 자신의 판단을 상대방에게 맡기는 순진무구한 행동은 굉장히 위험하다.

내면의 두려움은
더 큰 좌절을
낳는다

해리 포터Harry Potter 시리즈의 작가 J. K. 롤링J. K. Rowling은 하버드 대학의 명예박사학위 수여식 강연에서 다음과 같이 말했다.

"우리에게는 한 가지 공통된 인식이 있습니다. 그것은 바로 사람은 좌절을 통해 더욱 현명하고 강해진다는 사실입니다. 이는 우리가 좌절을 겪으면서 자신의 생존 능력을 더욱 잘 알게 된다는 것을 의미합니다. 만약 고난이 당신을 시험하지 않으면 자신이 얼마나 큰 역량을 가지고 있는지 영원히 알 수 없습니다."

좌절에 대처하는 방법은 사람마다 다르다. 의지가 강한 사람은 더욱 강해지지만, 내면에 두려움이 있는 사람은 더욱 나약해진다. 성공한 사람들의 특징은 수없이 많은 좌절과 고난을 겪지만, 결코 이를 두려워하지 않는다는 점이다. 그들에게는 노력을 위한 땀과 강인함만이 있을 뿐이다.

다음은 두려움을 극복한 한 여대생의 이야기다.

서먼은 하버드 대학을 다니는 평범한 학생이다. 그녀는 어릴 때부터 물을 무서워해서 수영을 싫어했다. 수영을 즐기는 친구들을 볼 때마다 마음 한구석이 불편했다. 친구들이 같이 놀자고 권해도 "난 물을 무서워해서 물속에 못 들어가"라고 대답할 뿐이었다.

친구들은 웃으면서 부추겼다.

"물을 무서워하면 넌 평생 수영 못할 거야."

돌고래처럼 물속에서 자유자재로 노는 친구들을 보니 부러운 마음이 들었지만, 그보다는 두려운 마음이 앞섰다.

한 달 후, 서먼은 친구들과 온천에 갔다. 그녀는 드디어 용기를 내 물에 들어가기는 했지만, 깊은 곳에는 들어갈 수 없었다. 그러자 친구들이 말했다.

"한번 들어가 봐. 물이 머리까지 잠겨도 가라앉지는 않아. 날 봐봐."

서먼은 놀라 대답했다.

"말도 안 되는 소리 하지 마."

두려운 그녀는 고개를 저었고, 친구들은 따라해 보라고 시범을 보였다. 친구들의 도움으로 물속으로 들어간 그녀는 그들의 말이 틀림없다는 사실을 깨달았다. 그것은 정말 기묘한 경험이었다. 친구는 웃으며 말했다.

"그거 봐, 빠져 죽지도 않는데 왜 무서워하니?"

독일의 철학자 니체Friedrich Wilhelm Nietzsche는 이렇게 말했다.

"우리가 진정으로 용감해졌을 때, 우리는 스스로 용감하다고 생각하지 않는다."

자신의 마음을 변화시키고 더 강하게 만들려고 할 때, 좌절을 극복하는 것은 마치 문턱을 넘는 것처럼 쉬운 일이라는 사실을 발견하게 될 것이다. 그러나 두렵다는 이유로 변화를 거부하면 우리는 수많은 기회를 놓치게 될 것이다. 행운은 늘 강인한 마음과 정신을 가진 사람에게 찾아오는 법이다.

Tip for mind

누군가 이렇게 말했다.

"좌절은 약한 자를 만만하게 보고 강한 자를 두려워하는 사냥개나 마찬가지다. 당신이 두려워할수록 위험하고, 거들떠보지 않을수록 고분고분해진다."

좌절을 성공적으로 극복하려면 우선 내면의 두려움과 싸워 이겨 자신을 강하게 만들어야 한다.

과거에 대한
미련은
내일의 장애물이다

　　　　　헨리 포드 1세는 미국의 자동차 회사 포드Ford의
창립자다. 포드를 세계 최고의 기업으로 성장시켜 성공과 명예를 거머쥔
포드 1세는 자만에 빠졌다. 모든 성공이 자신의 능력 덕분이라고 생각했
고 항상 타인의 의견을 무시했다. 이러한 모습을 보고 실망한 창업 공신
들은 하나씩 그를 떠나갔고, 회사는 파산할 지경에 이르렀다.

　1945년, 포드 2세는 수습하기 어려운 상태의 회사를 이어받았다. 그는
할아버지인 헨리 포드 1세가 실패한 이유를 아주 잘 알고 있었다. 그렇
기 때문에 항상 예의와 겸손을 갖추고 사람을 대했고, 어려운 국면을 수
습할 방법을 강구했다. 그가 높은 보수를 지불하고 엘리트 경영자들을
초빙하자 회사는 빠른 속도로 살아났다. 다시 정상에 오른 포드는 과거
의 영광을 되찾았다.

　그러나 성공의 기쁨 앞에서 포드 2세는 할아버지의 나쁜 버릇을 고스
란히 답습하고 말았다. 그는 독단적으로 일을 처리하고 자기가 회사의

최고 권력자라고 생각했다. 회사 사람들은 모두 불안해했고, 80년대 초 포드 2세는 회사에서 제명되었다.

과거의 성공으로 기뻐하고 있을 때, 위기는 당신 가까이에 있다. 진정한 성공을 위해 우리는 과거의 찬란한 영광을 잊어야 한다. 과거의 모든 일을 잊고 제로부터 다시 시작해서 앞으로 나아가야 아름다운 미래를 만들 수 있다.

1954년에 브라질 사람들은 누구나 브라질 축구팀이 월드컵에서 우승할 것이라고 믿었다. 그러나 뜻밖에도 브라질은 8강에서 떨어지고 말았다. 비통에 찬 선수들은 귀국하면 분명 팬들에게 심한 모욕을 당할 거라고 생각했다. 브라질 사람들에게 있어 축구는 그들의 영혼이나 다름없었기 때문이다.

귀국 비행기가 브라질 영공에 들어서자 선수들은 안절부절못했다. 그러나 공항에 도착했을 때 그들의 눈앞에는 예상치 못한 광경이 벌어졌다. 대통령이 2만 명의 축구팬들을 이끌고 공항에 나와 '패배했지만 당당하게 가슴을 펴라!'라고 쓰인 플랜카드를 들고 있었기 때문이다. 선수들의 눈에는 눈물이 흘러내렸다. 그들은 마음속으로 어제의 실패에 이별을 고하고 다음 시합을 위한 결의를 다졌다.

4년 후, 다시 경기장에 선 브라질 축구팀은 국민들의 기대를 저버리지 않고 우승컵을 안고 돌아왔다. 이는 브라질 축구팀이 처음으로 받은 월드컵 우승컵이었다. 브라질 공항에는 제트기 16대가 그들을 호위했고, 공항에 모여든 환영인파는 3만 명이 넘었다. 공항에서 도심의 광장까지

20킬로미터나 되는 거리에는 자발적으로 모인 시민들이 100만 명이 넘었다. 그들은 공을 세운 몇몇 선수들을 헹가래쳤다.

우리는 과거의 실패를 두려워해서는 안 된다. 우리가 두려워해야 할 것은 과거의 실패로 인한 고통이다. 가슴을 펴고 과거의 실패를 극복해야 미래의 승리를 맛볼 수 있다. 인생은 돌고 도는 것이므로, 한 단계의 마지막은 새로운 단계의 시작을 의미한다. 과거를 잊고 제로부터 다시 시작해야 우리는 성공을 얻을 수 있다. 과거의 성공이나 실패가 오늘이나 내일을 대신하지는 않는다. 우리는 과거의 성공이나 실패에 연연하지 말고, 오늘을 소중히 하고 아름다운 미래를 만들어가야 한다.

Tip for mind

이미 지나간 과거에 연연하지 말자. 과거의 영광이나 아픔은 이미 다 지나간 일이므로 담담한 마음으로 내일을 향해 나아가야 한다. 인간의 기억 용량은 제한적이라서 과거의 일을 너무 많이 기억하고 있으면 다른 것을 기억할 수 없다. 과거에 이별을 고하고 앞을 향해 나아가도록 하자.

표정에 드러나는 심리

무의식중에 드러나는 미세표정을 마이크로 익스프레션Micro expression이라고 한다. 이 이론을 제창한 심리학자 폴 에크만Paul Ekman에 따르면 마이크로 익스프레션으로 10명 중 8명의 거짓말을 알아낼 수 있다고 한다.

눈빛에
드러나는
심리

　　인간의 감각기관 중에서 눈은 매우 중요한 기관이다. 일찍이 과학자들은 연구를 통해 인류의 지식 중에 80퍼센트는 눈을 통해 얻어진다는 사실을 입증했다. 눈은 글자나 그림을 인식할 뿐만 아니라 아름다운 광경을 감상하기도 한다. 시각으로 포착된 형상은 신경 신호로 바뀌어 대뇌에 전달되고, 기억에 각인된다.

　　흔히 눈은 마음의 창이라고 이야기한다. 사람과 사람 사이에는 언어적인 교류 외에도 눈빛의 교류가 반드시 필요하다. 사람의 표정 중에서도 눈빛은 미묘하고 복잡하기 때문에 다른 사람이 눈빛으로 표현하는 정보를 정확히 이해하는 것은 매우 어렵다.

　　그러나 눈빛은 결코 숨길 수 없다. 눈빛에는 그 사람의 성품과 교양, 심리가 고스란히 드러난다. 만약 다른 사람의 눈빛이 나타내는 의미를 충분히 이해하면 그 사람과 더 깊은 교제를 나눌 수 있다.

　　유라 씨는 학교를 졸업하고 곧바로 대기업에 입사해 기획 업무를 맡게 되었다.

　출근 첫날, 그녀는 가벼운 발걸음으로 회사에 들어섰다. 그녀가 짐작한 대로 사무실은 역시 미남미녀로 넘쳐났다. 그런 사람들 속에 있으니 마치 자신이 미운 오리 새끼가 된 기분이었다. 이런 생각을 하고 있는데 한 여직원이 다가와 유라 씨에게 인사를 건넸다. 그녀도 인사를 건네고 그 여직원을 유심히 살펴보았다. 온몸을 명품으로 치장한 여자는 도도하고 능력이 있어 보였다. 그런데 이야기를 나누는 도중에 여직원은 다른 몇몇 동료들을 경멸하는 눈빛으로 바라보는 것이었다.

　유라 씨는 그 여직원이 자기를 과시하기 좋아하는 사람이며 다른 동료에게 그다지 환영받지 못할 것이라는 생각이 들었다. 유라 씨의 머릿속에는 경고음이 울렸다. 혹시 다른 사람들의 미움을 살지도 모르니 그녀와 너무 친해지지 말아야겠다고 생각했다.

　출근 첫날부터 유라 씨는 사무실의 동료와 상사를 몇 개의 유형으로 분류했다. 그리고 유형에 따라 각기 다른 방식으로 친분을 쌓았다. 그 후 그녀는 원만한 직장 생활을 이어 갔다.

　직장 생활을 잘하기 위해서는 업무 능력을 갖추어야 할 뿐만 아니라 동료 및 상사와 잘 지내는 법도 알아두어야 한다. 유라 씨는 출근한 첫날 직원들의 눈빛으로 사무실 내의 인간관계를 파악한 뒤 자신만의 예방책을 세웠다는 점에서 현명한 직장인이라 할 수 있다.

　그렇다면 눈빛에는 어떤 심리적 의미가 있을까?

1. 눈빛은 자신감을 드러낸다

일반적으로 열등감이 있는 사람은 남의 시선을 피하고, 오랫동안 다른 사람의 눈을 바라보지 못한다. 그리고 타인의 시선을 느끼면 곧 자신의 시선을 다른 곳으로 옮겨버린다. 반대로 자신감 있는 사람은 상대방을 똑바로 쳐다보며, 눈빛에서 힘이 느껴진다.

2. 눈빛은 집중도를 반영한다

다른 사람의 말을 들을 때 딴 생각을 하는 사람은 건성으로 고개를 끄덕이면서 주위를 두리번거린다. 시선을 상대방에게 집중하지 못하는 이유는 이야기에 흥미를 느끼지 못하기 때문이다. 시선을 상대방의 눈이나 얼굴에 맞춰서 상대방에 대한 존중을 표하자.

3. 눈빛은 감정을 나타낸다

서로 호감을 가진 관계라면 말을 할 때 항상 상대방의 눈빛을 주시하고, 심지어는 말없이 눈빛만으로도 소통할 수 있다. 차가운 눈빛에는 다른 사람에 대한 거부, 경멸의 뜻이 담겨 있다. 눈을 가늘게 뜨면 상대방을 업신여기는 느낌을 준다.

눈빛에는 그 사람의 성품과 교양, 심리가 고스란히 드러난다. 상대방의 눈빛에 드러나는 진실한 마음을 이해하면 그와 더욱 깊이 사귈 수 있다.

나도 모르게
코에 손이
간다면?

　　코로도 감정이나 의사를 나타낼 수 있다. 일반적으로 코는 찡그리는 것 외에는 능동적으로 움직이는 경우가 드물다. 고작 손으로 잡거나 문지르는 정도다. 비록 눈이나 입만큼 다양한 반응을 보이지는 않지만 코는 우리에게 많은 정보를 준다.

　　최근, 신체언어를 연구하는 학자가 코가 나타내는 언어를 조사했다. 그는 사람들의 유동량이 비교적 큰 공항을 조사 장소로 선택했다. 일주일 동안 관찰한 끝에, 그는 코도 다양한 반응을 한다는 결론을 얻었다. 연구자는 사람들이 화가 났을 때 콧구멍을 벌렁거리며, 긴장할 때는 코가 살짝 떨린다는 사실을 발견했다. 이러한 이유로 코가 신체언어를 나타내는 기관이라 말하는 것이다.

　　그렇기 때문에 우리가 코의 언어를 이해할 수 있다면, 타인의 속마음을 더욱 깊이 이해할 수 있을 것이다.

코의 표현 기능은 다음의 7가지로 정리할 수 있다.

1. 코를 찡그리는 것: 싫다는 뜻을 나타낸다.
2. 콧구멍이 벌렁거리는 것: 분노를 뜻한다.
3. 코가 떨리는 것: 긴장하고 있음을 의미한다.
4. 코로 홍 소리를 내는 것: 배척과 멸시를 뜻한다.
5. 콧대를 쥐고 누르는 것: 극도로 피곤할 때, 혹은 어려운 문제를 고민하고 있을 때 사람들은 콧대를 쥐고 누르는 버릇이 있다.
6. 코를 파는 것: 좌절했을 때 혹은 너무 무료할 때 코를 파는 행동을 하는 사람도 있다.
7. 코를 문지르는 것: 말을 할 때 코를 문지르는 사람은 거짓말을 하고 있을 가능성이 크다.

어려운 문제를 생각할 때 자기도 모르게 콧대를 쥐고 누르는 경우가 있는데, 이는 콧대 밑의 비강이 긴장 때문에 경미한 아픔을 느끼기 때문이다. 즉, 콧대를 손으로 누르는 것은 아픔에 대한 반응이다. 마찬가지로 누군가 우리를 일부러 곤란하게 만들 때, 우리는 내면의 혼란을 감추기 위해 자연스레 손을 코로 가져간다. 그런 다음 코를 만지고, 비비거나 힘을 주어 압박하는데 이는 충격의 영향으로 코가 가렵기 때문이다. 거짓말이 능숙하지 않은 사람들에게서 이러한 현상을 자주 볼 수 있다.

또한 긴장될 때 코에 땀이 나는데 그 이유는 무엇일까? 긴장하거나 스트레스를 받을 때, 우리의 몸은 에너지를 축적한다. 축적된 에너지는 몸의 다양한 기관에 전달되고 이때 체온이 상승한다. 그러나 사람의 체온은 늘 정상적인 온도를 유지해야 하므로 상승된 체온이 땀을 통해 신체 밖으로 배출된다. 긴장과 스트레스를 느끼게 되면 우선 코에 자극이 전달된다. 그래서 코에 위치한 땀샘에서 땀 분비가 급속히 이루어져 땀을 많이 흘리게 되는 것이다.

Tip for mind

습관적으로 코를 찡그리거나 코를 만지면 다른 사람들은 당신이 기분이 나쁘거나 거짓말을 하고 있다고 오해할 수도 있다. 단적인 신체언어를 확대해석하는 것도 문제지만 그 전에 오해를 불러일으키는 신체언어는 조심하는 것이 좋다.

입의 움직임으로
나타내는
희로애락

미국의 한 심리연구소에서 다음과 같은 실험을 했다.

그들은 모나리자의 초상화에서 입부분만 수정한 뒤 사람들에게 느낌을 물었다. 우선 모나리자의 입꼬리를 올린 그림을 보여주니, 응답자 대다수가 모나리자가 행복해 보인다고 답했다. 반대로 입술을 일자로 그린 그림을 보여주었더니 슬퍼 보인다고 반응했다.

이 실험을 통해 눈뿐만 아니라 입도 생각이나 감정을 나타내는 중요한 기관이라는 사실이 증명되었다.

우경 씨는 현재 광고회사에서 3년째 사장 비서로 일하고 있다. 그녀는 아직도 3년 전과 똑같은 액수의 월급을 받고 있었다. 사장에게 월급을 올려달라는 이야기를 하고 싶었지만 마땅한 기회를 찾지 못했다. 사장은 기분을 직접 드러내는 스타일이 아니라서 직원들은 그의 기분을 추측하기가 어려웠다. 우경 씨는 평소에 심리학에 흥미가 있었는데, 어떤 심리학책에서 입의 움직임으로 그 사람의 기분을 헤아릴 수 있다고 쓰여 있는 것을 보았다. 그래서 그녀는 열흘 동안 사장의 입을 관찰했다.

그러던 어느 날, 그녀는 사장의 표정이 다른 날과 다르다는 사실을 발견했다. 알아차리기 힘들 정도였지만 그녀는 사장의 입가가 살짝 올라가 있다는 것을 포착했고, 이는 그의 기분이 좋은 것이라고 판단했다. 그래서 우선 하던 일을 마무리하고 사장실을 찾아갔다. 곧 결혼한다는 것을 구실로 완곡하게 월급을 올려달라는 부탁을 할 생각이었다. 아니나 다를까, 사장의 기분은 정말 좋았다. 그는 이번 달부터 월급을 20퍼센트 인상해주겠다고 시원스럽게 약속했다. 그리고 결혼식 날짜가 정해지면 꼭 알려달라고 부탁했다. 입모양을 관찰해 사장의 기분을 알아차린 우경 씨는 순조롭게 바라는 바를 이룰 수 있었다.

그렇다면 입의 움직임으로 우리는 무엇을 알 수 있을까?

1. 대화를 나눌 때 입가를 보면 속마음을 알 수 있다

내성적인 사람들은 말을 할 때 입을 손으로 가리는 경향이 있다. 그들은 혹시 속마음을 들키지는 않을까 두려워한다. 아랫입술을 삐죽거리는 것은 당신의 말을 의심하고 있다는 뜻이다. 입술을 앞으로 내미는 것은 방어 상태를 의미한다.

대화를 할 때 입술을 깨물거나 입을 굳게 다무는 것은 상대방의 말을 경청 혹은 분석한다는 뜻이다. 입술에 침을 자주 바르는 행동은 긴장되고 흥분된 마음을 억누르고 있음을 의미한다.

2. 입술 모양으로 성격을 판단할 수 있다

입술을 자주 오므리는 사람은 일을 꼼꼼히 처리하고 최선을 다하는 사람이다. 그러나 마음을 잘 열지 않고 의심이 많다. 입을 한 일자로 다문 사람은 착실하고 강인한 성격의 소유자다. 이러한 사람은 상사가 시킨 업무를 원만히 완성시키고, 순조롭게 발전한다. 입가가 조금 위로 올라간 사람은 외향적이고 활발하다. 또한 융통성이 있고 기지가 넘치며 사람들과 잘 어울린다. 입가가 아래로 처진 사람은 고집이 세고 남의 말에 쉽게 굴복하지 않는다.

3. 미소나 웃음으로 성격을 판단할 수 있다

입을 벌리고 크게 웃는 사람은 성격이 호탕해서 사소한 일에 구애받지 않는다. 반면 인내심이 부족하고 어렵다고 생각되면 바로 물러선다는 단점이 있다. 크게 웃는 사람의 입은 거의 원형인데, 이들은 사교적이고 소탈하다. 또한 타인을 기꺼이 도우며, 모험을 좋아한다.

미소를 짓는 사람은 입꼬리가 위로 올라가 있고, 매우 선량해 보인다. 이러한 사람의 성격은 금욕적이며 과묵하다. 다른 사람과 교류하는 데 서투르고 비교적 내면에 관심을 갖는다. 또한 생각이 섬세하고 상대방의 말을 분석하는 데 재능이 있다.

Tip for mind

입은 다른 신체부위보다 민첩하고 움직임도 다양하다. 입의 가장 큰 기능은 말하는 것이지만 입 그 자체의 움직임으로도 다양한 심리적 정보를 준다.

눈썹 모양에
숨겨진
비밀

눈과 가장 가까이 위치한 눈썹은 눈과 마찬가지로 다양한 심리를 드러낸다. 그러므로 얼굴 표정에 숨겨진 신체언어의 의미를 파악할 때 눈썹을 언급하지 않을 수 없다.

일반적으로 눈썹은 감정의 변화에 따라 형태가 달라진다. 이를 테면 마음이 평온할 때는 편평한 상태를 유지하고, 실망했을 때는 축 처진다. 또 화가 날 때는 위로 치켜 올라가고, 기쁠 때는 마치 춤을 추듯 움직인다. 그리고 어려움에 부딪혔을 때는 찌푸려진다. 이밖에도 눈썹의 움직임이 나타내는 의미가 20여 개에 달한다는 사실이 최근 심리학자들의 연구를 통해 밝혀졌다.

미국의 한 심리학자가 사람의 얼굴에 대한 연구를 장기적으로 진행했다. 그 결과, 사람들은 거짓말을 할 수는 있지만 표정은 컨트롤하기 어렵다는 사실을 밝혀냈다. 이와 관련하여 다음 사례를 살펴보자.

인테리어 디자이너인 정연 씨는 사무실이나 매장을 설계하는 일을 맡고 있다. 그날도 그녀는 자신의 설계도를 가지고 고객의 회사를 찾아갔다. 고객과 직접 만나서 구체적인 설계에 대해 이야기를 나눌 참이었다. 그런데 사무실에 들어서는 순간, 남자의 표정을 보고 분위기가 심상치 않음을 알아차렸다. 그가 정연 씨를 위아래로 훑어보면서 무시하는 듯한 눈빛을 보였기 때문이다.

정연 씨가 설계도를 꺼내고 이야기를 시작하자 역시나 고객은 이런저런 트집을 잡았다. 크게는 전체적인 구성에서 작게는 사무실 책상의 배치, 화분의 위치에 이르기까지 전부 불만이었다. 게다가 그는 자신이 만든 설계도를 보여주며 그녀의 것과 비교하기 시작했다.

결국 정연 씨는 최후의 수단으로 사전에 준비한 비장의 카드를 꺼냈다. 자신은 경제성을 염두에 두고 설계를 했으며, 고객의 설계도보다 경비가 적어도 20퍼센트 절감된다고 말했다. 이 말을 들은 남자는 눈썹을 치켜올리고, 입을 실룩거리며 웃었다. 이는 상대방의 말을 믿지 않는다는 속마음의 증거다.

정연 씨는 고객의 눈썹에 담긴 뜻을 정확히 알아차렸다. 그녀는 재빨리 계산기와 필기도구를 가져와 비용을 계산하기 시작했다. 계산기의 숫자를 보여주며 비용을 얼마나 절약할 수 있는지 조목조목 설명했다.

그녀가 꼼꼼하게 계산을 하는 동안 고객의 눈썹은 점점 제자리를 찾기 시작했다. 그리고 서서히 눈웃음을 지으며 정연 씨의 말에 고개를 끄덕였다.

위의 예처럼 상대방의 표정을 주의 깊게 관찰하면 눈썹이 전달하는 정보로 상대방의 속마음을 통찰할 수 있다. 타인의 마음을 제대로 읽으면 인간관계뿐만 아니라 업무 능력도 향상 된다.

 Tip for mind

비스듬히 치켜올린 눈썹은 의심하고 있다는 뜻이고, 동그랗게 위로 올라간 눈썹은 물음표나 마찬가지다. 이때 상대방은 당신이 나서서 거래를 그만두거나 혹은 합리적인 해석을 제시하길 바라고 있는 것이다. 상대방의 눈썹이 치켜 올라가면 당신은 성심성의껏 상대방의 마음을 움직여야 한다.

손짓에 나타나는 심리

신경학자 프랭크 윌슨 박사는 그의 저서 《더 핸드》에서 언어의 뿌리를 말이 아닌 제스처에서 찾았다. 손짓과 미분화된 말로 의사소통을 하면서 언어가 발달하기 시작했다는 것이다. 이처럼 손은 가장 기본적인 커뮤니케이션 수단으로, 손짓에 나타나는 심리를 잘 파악하면 상대의 마음을 제대로 읽을 수 있다.

　　어느 취조관이 거대 사기 집단의 두목을 취조하게 됐다.

　피의자의 이름은 제이슨이었다. 그는 해외 명문 대학에서 금융학을 전공했고 동시에 법학 학위도 받은 인재였다. 그는 어떻게 하면 법률의 빈틈을 이용해 돈을 벌 수 있을지 잘 알고 있었다.

　취조는 난항을 겪었다. 법에 익숙한 제이슨은 경찰의 사건 처리 순서와 취조 과정에 대해 매우 잘 알고 있었다. 취조관이 어떤 질문을 해도 그는 딱 적당한 정도로만 대답했다. 그의 답변에는 어떠한 허점도 찾을 수가 없었다. 이렇게 취조는 별다른 진척 없이 며칠간 계속되었다. 시간이 흐를수록 취조관은 걱정만 쌓여갔다. 피의자를 일정 시간 동안 구류한 상태에서 마땅한 증거를 찾지 못하면 풀어주어야 한다는 것이 법으로 정해져 있었기 때문이었다. 그때 심리학을 전공한 그의 아내가 조언을 해주었다. 그것은 바로 상대방의 손짓을 읽는 것이었다.

취조관은 취조실에 카메라를 몇 대 설치했다. 취조가 끝난 후 그는 녹화한 테이프를 여러 번 돌려보다가 한 가지 특징을 발견했다. 질문에 대답할 때 제이슨은 두 손을 대부분 자연스럽게 허벅지 위에 올리고 있었다. 그러나 특정 질문에 대답할 때는 매우 침착하고 성실한 눈빛으로 취조관을 바라보는 한편, 자신도 모르게 열 손가락을 서로 엇갈리게 끼우는 것이었다. 이를 통해 사건해결에 필요한 실마리를 얻었고, 결국 제이슨은 법의 심판을 받게 되었다.

수갑을 차고 감옥에 들어가는 날까지 제이슨은 아마 자신이 어떤 실수를 저질렀는지 몰랐을 것이다. 그가 흘린 결정적인 단서는 바로 '손가락을 깍지 끼는 행동'이었다.

우리도 종종 깍지 끼는 행동을 할 때가 있다. 아무 생각 없이 한 행동이라고 생각할지도 모르지만 사실 이는 내면의 감정을 드러낸다.

깍지 낀 손을 허벅지에 자연스럽게 놓는 것은 마음이 평온하고 비교적 자신감이 있다는 것을 의미한다. 깍지를 낀 상태에서 한 쪽 손가락으로 다른 한 손을 어루만지는 동작은 불안함과 초조함을 나타낸다. 보통 심한 압박이나 의심을 받는 상황에서 이런 행동을 취한다. 이때는 우선 상대방에게 신뢰감을 줌으로써 마음의 문을 여는 것이 중요하다. 그러지 못하면 쌍방의 소통은 매우 어려워진다.

깍지 낀 두 손을 꽉 쥐는 행동은 자신을 부정하기 시작했음을 의미한다. 이때 상대방의 내면에는 부정적인 감정과 실망감이 가득하다. 만약 당신이 상대방과 대결을 하는 상황이라면 이는 상대방을 쓰러뜨릴 수 있는 절호의 찬스다.

깍지 낀 손을 가슴이나 배에 놓는 행위는 마음속으로 당신을 거부하고 있다는 뜻이다. 이때는 당신이 아무리 의견을 어필해도 상대방은 당신을 받아들이지 못한다. 이럴 때는 비교적 홀가분한 교류방식, 예를 들어 상대방에게 음료를 건네는 등의 행동을 취하는 것이 좋다.

깍지 낀 손을 허벅지에 놓은 다음, 엄지손가락 끝이 서로 맞닿는 자세를 취하고 있다면 이는 난처한 상황에 처해 있음을 의미한다. 어쩔 줄 모르는 상황이거나 진퇴양난에 처해 있는 것이다. 상대방이 이러한 자세를 취했을 때는 그가 선택을 할 수 있도록 몇 개의 제안을 하는 편이 좋다.

열 손가락을 깍지 끼고 얼굴 앞에 놓는 것은 적대적인 의사를 명확하게 드러내는 동작이다. 상대방이 이러한 동작을 취할 때는 '난 당신을 믿지 않아', '나는 그렇게 생각하지 않아', '난 대화를 끝내고 싶어' 등 부정적인 기분을 전달하는 것이므로 대화를 중지해야 한다.

Tip for mind

깍지 꼈을 때의 손의 위치는 다양한 감정과 심리를 나타낸다. 상대방의 손에 드러나는 진실한 마음을 해석하는 법을 배우면 인간관계에 큰 도움이 될 것이다.

사소하지만
특별한
손동작

　　대학에서 심리학을 전공한 희재 씨는 어느 중소기업에서 일하고 있다. 최근에 그녀의 회사는 외국계 대기업과 교섭하게 됐다. 회사가 성장할 수 있는 좋은 기회였기에 희재 씨는 반드시 계약을 성사시키리라 마음먹었다.

　회의가 시작되고 그녀는 열정적으로 어필하기 시작했다. 이야기 중 그녀는 상대측 책임자가 A4 용지를 한 장 가져다가 자신이 제시한 안건에 대한 불만을 빽빽하게 적는 것을 보았다. 그는 팔짱을 끼고 있었고 얼굴에는 의문이 가득했다. 비록 그가 직접 말하지는 않았지만 희재 씨는 그 자세의 의미를 너무나도 잘 알고 있었다. 그래서 그녀는 안건에 대한 설명을 멈추고 그의 불만에 대한 개선책을 하나하나 제시하기 시작했다. 또한 상대방의 의견에 문제가 있다고 생각되더라도 반박하지 않았다. 그녀가 최선을 다해 설명하자 팔짱을 낀 책임자의 팔에서 힘이 조금 빠지는 듯했다. 그녀는 그제야 비로소 한숨을 돌릴 수 있었다. 책임자를 설득한 희재 씨는 마침내 계약을 성사시켰다.

현명한 그녀는 팔짱을 낀 상대방의 행동을 보고 자신의 의견에 부정적인 생각을 품고 있다는 사실을 알아차렸다. 그리고 그녀는 곧바로 전략을 수정했다. 만약 그녀가 상대방의 손동작을 이해하지 못하고 줄곧 자기 의견을 내세우기만 했다면 책임자의 반감을 샀을 것이다.

사람의 신체언어 중에서도 손동작은 폭이 제일 넓고, 그 방식도 매우 다양하다. 말로는 속마음을 감출 수 있어도 신체언어는 절대 거짓말을 하지 않는다. 그러므로 손동작이 나타내는 신체언어를 해석하면 상대방을 보다 정확하게 이해할 수 있다.

다음은 다양한 손동작이 나타내는 속마음이다.

1. 자신감이 없을 때, 거짓말을 할 때

자신이 없거나 거짓말을 할 때 우리는 이야기를 하면서 옷깃을 잡아당기거나, 무의식적으로 손으로 입을 가린다. 때로는 코를 만지기도 한다.

2. 상대방의 말을 부정적으로 생각할 때

상대방의 의견에 의심을 품거나 부정할 때 우리는 무의식적으로 귀를 만진다. 팔짱을 끼거나 손으로 입을 가리는 행동도 상대방을 신뢰하지 않을 때 하는 행동이다. 목 부근을 긁으며 말을 한다면 현재 상황에 찬성하지 않는다는 뜻이다.

3. 타인의 신뢰를 얻고 싶을 때

손바닥을 상대방에게 보여주면 신뢰를 얻을 수 있다. 악수를 할 때 손바닥을 보이며 상대방의 손을 잡는 행동에서는 온순한 성격과 겸허함이 드러난다. 이는 또한 서로 평등한 상태에서 교제하고 싶다는 뜻을 의미한다.

 Tip for mind

사람들과 교제할 때 손동작이 나타내는 신호를 포착하면 상대방의 의향이나 생각 등을 판단할 수 있다. 손동작은 말보다 훨씬 진실하다.

손으로
입을 가리며
말하는 이유

사람들은 누구나 거짓말을 한다. 거짓말은 복합적인 행동이기 때문에 거짓말을 할 때는 온몸의 신체기관을 총동원해서 '연기'를 해야 한다. 아무리 거짓말을 잘하는 사람도 무의식중에 거짓말을 감추기 위한 소소한 동작을 취한다. 그러므로 관찰에 뛰어난 사람은 상대방의 동작을 보고 거짓말을 하는지 아닌지 바로 간파할 수 있다.

행동심리학자 데즈먼드 모리스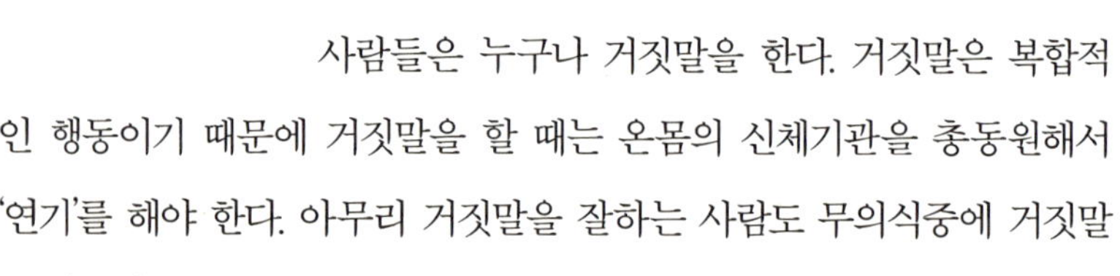Desmond Morris 박사는 다음과 같은 실험을 했다.

그는 간호사들로 하여금 환자들에게 병에 대해 거짓말을 하게 했다. 녹화한 영상을 관찰한 결과, 간호사들은 손으로 입을 가리는 동작을 평소보다 훨씬 많이 사용했다. 이로써 박사는 손으로 입을 가리는 동작은 거짓말을 나타낸다는 결론을 얻을 수 있었다.

상대방이 자신도 모르게 손으로 입을 가리는 동작을 한다면, 특히 중요한 부분을 이야기할 때 심지어 헛기침까지 하면서 손으로 입을 가린다면 거짓말을 하는 건 아닌지 의심해볼 필요가 있다. 반대로 당신이 이야기를 하고 있는데 상대방이 손으로 입을 가리는 경우에는 잠시 하던 말을 멈추고 상대방에게 다른 의견이 있는지 물어보는 것이 좋다.

물론 거짓말을 할 때는 입을 가리는 것 외에 다른 행동을 취할 수도 있다. 예를 들어 코를 만지는 사람도 있는데 그들은 입을 가리는 사람보다 비교적 처세술에 능하다. 가볍게 코를 문지르기도 하고, 재빨리 손을 코에 갖다 대기도 한다.

어느 심리학자는 거짓말을 할 때 대뇌는 의식적으로 입을 가리는 동작을 취하라고 지시하는데, 상대방이 이를 간파할까 두려운 나머지 재빨리 코를 만지는 것이라 한다.

손으로 입을 가리고 엄지손가락을 뺨에 갖다 대는 행동을 하는 이유는 거짓말이 들통 나지 않도록 잠재의식이 대뇌에 명령하기 때문이다. 때로는 손가락이나 주먹으로 입을 가리기도 하는데 모두 같은 의미를 지닌다. 입을 가리는 행동은 내면의 동요를 숨기기 위한 특유의 자세다.

손을
엉덩이 밑에
받치는 행동

연주 씨는 오랫동안 사귀어온 남자친구를 부모님께 인사시키기로 했다. 그녀는 처음 만났을 때부터 남자친구를 좋은 사람이라고 생각했다. 그는 성실했고 원칙을 지키는 사람이었다. 연주 씨는 그에게 자신의 인생을 맡겨도 좋다고 생각했다.

부모님을 뵙기로 한 날, 남자는 일찌감치 선물을 챙겨들고 그녀의 집에 찾아왔다.

"아버님, 어머님 처음 뵙겠습니다. 별것 아닙니다만, 이거 받으십시오."

그는 긴장된 목소리로 여자친구의 부모님께 인사를 드렸다.

"어서 들어와요. 자기 집이다 생각하고 편히 놀다가요."

연주 씨의 아버지는 그에게 앉으라고 권했다. 한참 이야기를 나누다 아버지는 한 가지 특이한 점을 발견했다. 청년이 줄곧 손을 엉덩이 밑 부분에 받치고 있는 것이었다. 한때 심리전문가로 일했던 연주 씨의 아버지는 그가 혹시 말실수를 하지는 않을까 자신을 컨트롤 한다고 생각했다. 그는 딸의 남자친구가 자신을 절제할 줄 하는 청년이라는 생각이 들어 내심 흡족했다.

열정이 충만하고 자유로우며 자신의 감정을 잘 드러내는 사람은 자기도 모르는 사이 두 손을 이리저리 크게 움직인다. 반면 손을 엉덩이 밑에 받치고 앉는 자세는 혹시나 말실수를 하지는 않을까 자신을 컨트롤하고 있음을 의미한다. 두 손을 꼭 쥐고 허벅지나 탁자 위에 놓거나, 손을 주머니에 넣는 행동도 같은 의미다.

만약 상대방이 이러한 동작을 한다면 다소 가볍게 대화할 수 있는 화제를 꺼내보는 것이 좋다. 일단 그가 당신의 침착하고 여유로운 태도를 받아들이면 심리적인 부담이나 불안감은 점점 사라질 것이다.

상대방이 손을 엉덩이 밑에 받치는 행동을 하는 것은 긴장과 불안을 느끼기 때문이다. 이때 가벼운 이야깃거리를 찾아서 분위기를 부드럽게 만들면 상대방의 마음도 어느 정도 진정된다.

손으로
머리를
쥐어뜯는 행위

　　재훈 씨는 회사에 갓 입사한 신입사원이다. 상사에게 보고서를 제출하기 위해 실장실의 문을 두드리고 조용히 들어갔다. 재훈 씨에게 간단한 보고를 받은 실장은 서류를 검토하기 시작했다. 그가 서류를 훑어보고 있는 동안 재훈 씨는 상사의 동작을 주의 깊게 살폈다. 실장은 서류를 넘기면서 한 손으로 머리를 쥐어뜯고 있었다. 자신의 보고서가 마음에 들지 않는 것인지 겁이 났지만 딱히 그렇지도 않았다.

　　재훈 씨의 경험에 비춰볼 때 상사의 행동은 분명 무언가 큰 압박을 받고 있다는 것을 의미했다. 실장의 방에서 나온 그는 상사에게 무슨 일이 있었는지 비서에게 조심스럽게 물었다. 비서는 그가 어제 미국에 계신 아버지의 병세가 악화되었다는 연락을 받았다고 이야기해 주었다.

　　재훈 씨는 일이 끝난 후 회사 로비에서 실장을 기다렸다. 그가 나오자 재훈 씨는 이렇게 말했다.

　　"실장님 같이 한 잔 하러 가실래요?"

갑작스런 신입사원의 제안에 상사는 조금 놀랐지만 요청에 응했다. 그 날 저녁 얼큰하게 취한 그들은 마음속에 담아둔 이야기를 나누었다. 그 날 이후, 두 사람은 사적인 자리에서 아주 좋은 친구가 되었다.

머리카락을 쥐어뜯는 행동은 심리적인 압박을 해소하기 위해서다. 물론 같은 의미를 품고 있는 동작은 매우 많다. 예를 들어 외투의 단추를 만지작거리거나 냅킨을 꼬는 행동 등이 그렇다. 계속해서 자세를 바꾸고, 다리를 떨거나 마치 피아노를 연주하듯 책상을 손끝으로 두드리는 경우도 있다.

그렇다면 상대방의 이러한 태도에 우리는 어떻게 대응해야 하는가? 상대방의 주의를 딴 데로 돌리거나 한 가지 일에 계속 매달리지 않도록 만들어주는 것이 좋다. 그렇지 않으면 압박감은 눈덩이처럼 불어나게 된다.

상대방이 현실로 돌아올 수 있도록 함께 산책을 하거나 영화를 보는 것도 좋은 방법이다. 일단 마음에 담고 있는 일을 떨쳐내고 나면 당신에게 사정을 털어놓을 수 있을 것이다. 위의 이야기에 나오는 재훈 씨는 상사와 술 마시는 방법을 선택했고, 자신의 이야기를 들어주는 사람과 술을 마시며 상사는 자연스레 마음속 고민을 털어놓을 수 있었다.

Tip for mind

끊임없이 손으로 머리카락을 만지는 행동을 하는 이유는 심리적인 압박을 느끼고 있기 때문이다. 이때 우리는 상대방이 마음속 고민을 해결할 수 있게 도와주어야 한다.

신체동작이 나타내는 심리

영화 <원초적 본능>에서 여배우 샤론 스톤이 의자에 앉아 다리를 꼬는 장면은 매우 인상적이다. 그러나 여성이 다리를 꼬는 행위는 단순히 섹시함만 나타내는 것은 아니다. 사람의 심리는 선 자세, 앉은 자세, 심지어 잠자는 자세 등으로 고스란히 드러나기 때문이다. 영화 속 그녀의 숨겨진 심리는 과연 무엇일까?

서 있는 자세에
드러나는
심리정보

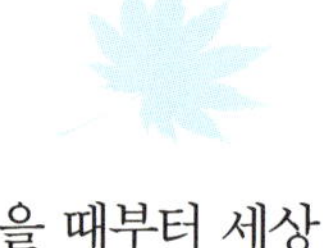

우찬 씨는 올해 마흔이다. 그는 젊었을 때부터 세상에 달관한 사람처럼 무슨 일이든 될 대로 되라는 식으로 살아왔다. 밥을 먹으러 갈 때, 친구가 뭘 먹고 싶으냐고 물으면 그는 자연스럽게 뒷짐을 지고 서서는 "아무거나"라고 대답한다. 그의 입에서 명확한 대답이 나온 적은 한 번도 없었다.

그의 회사에 일을 아주 열심히 하는 신입사원이 들어왔다. 야근을 하고 있는 신입사원을 본 우찬 씨는 뒷짐을 진 채 이렇게 말했다.

"자네, 뭘 그렇게 열심히 일을 하나? 대충대충 하게나."

그 말을 들은 사원은 영문을 몰라 어리둥절했다.

전형적인 낙천주의자인 우찬 씨의 성격은 그가 평소에 서 있는 태도에 드러나 있다. 그처럼 자연스럽게 뒷짐을 지고 서 있는 사람은 다른 사람과 잘 어울린다. 그들은 남에게 "안 돼"라고 말하는 일이 매우 드물며 자기 생활에 만족하기 때문에 항상 즐겁다.

서 있는 자세는 매우 다양하다.

심리학자들에 따르면, 서 있는 자세로 성격을 알 수 있다고 한다. 생활 습관, 일상생활, 말과 행동, 기호 및 성향은 그 사람의 서 있는 자세를 결정한다. 자세히 관찰해보면 사람마다 서 있는 자세가 다르다는 사실을 발견할 수 있을 것이다.

1. 약간 구부정한 자세

사춘기에 접어든 소녀들은 가슴이 나오기 시작하면서 이를 감추기 위해 등을 구부리는 경향이 있다. 자신감이 부족한 사람들 중에서도 자세가 구부정한 이들이 많다.

2. 등을 꼿꼿이 편 상태에서 정면을 바라보는 자세

이러한 사람은 대체적으로 자신감이 넘치는 낙관주의자다. 또한 자신의 이미지에 매우 신경을 쓴다.

3. 두 손을 허리에 얹는 자세

이는 자신감과 심리적인 우월감이 드러난 행동이다. 만약 두 다리를 어깨 너비 정도로 벌려서 몸 전체를 커보이게 만든다면 그에게 잠재된 공격성을 추측해 볼 수 있다. 또한 발끝으로 지면을 가볍게 두드리는 동작은 지도력과 권위를 암시한다.

4. 짝다리를 짚는 자세

어떤 일을 보류하는 태도를 보이거나 가볍게 거절하는 뜻을 담고 있다. 혹은 자신감이 부족하거나 어색한 상황에서도 이러한 자세를 취한다.

5. 두 손을 주머니에 넣는 자세

자신의 생각이나 계획을 드러내고 싶지 않다는 뜻이다. 만약 이런 자세를 취하는 동시에 허리와 등을 구부리고 있다면 일이 순조롭게 풀리지 않음을 의미한다.

6. 다른 사람에게 기대어 서는 자세

이러한 사람은 비교적 솔직하고 타인을 쉽게 받아들인다는 장점이 있다. 반면에 독립성이 부족하고 언제나 요행을 바란다는 단점이 있다.

7. 사타구니 부분을 가리고 서는 자세

사타구니를 가리는 행동은 일반적으로 남자들이 많이 취하는데, 이는 일종의 방어성 동작이며 불안한 심리를 드러낸다.

8. 두 다리를 팔자로 벌리고 서는 자세

여성에게 많이 보이는 자세로 부드러운 태도를 의미한다. 자기가 너무 강해보이지는 않을까 걱정할 때 이러한 자세를 취한다.

9. 두 다리를 한데 모으고 팔짱을 낀 자세

한데 모은 두 다리는 사소한 것에도 신경을 쓰고 완벽을 추구하는 성격을 의미한다. 이러한 사람은 근성이 강하고, 침착하고 완강하다.

10. 뒷짐 지고 선 자세

이러한 유형은 통상적으로 자신감이 매우 강하다. 상황을 통제하기를 좋아하거나 교만하게 굴기도 한다. 그러나 만약 한 손이 다른 한 쪽 팔을 잡고 있다면 이는 자신의 분노나 부정적인 감정을 억누르고 있는 것이다.

서 있는 자세는 사람의 성격과 심리를 나타내는 거울이다. 그렇기 때문에 서 있는 자세를 살펴보면 그 사람의 진실한 내면을 들여다볼 수 있다.

앉은 자세로 알아보는 심리

　　올해 서른 한 살인 보영 씨는 맞선을 보게 되었다. 맞선 장소에 들어서자 한 남성과 눈이 마주쳤고, 두 사람은 가볍게 인사를 나누었다. 말투나 표정 등에서 보영 씨는 그가 매너가 좋은 사람이라는 것을 알 수 있었다.

　　인사를 나누고 자리에 앉자마자 보영 씨는 얼굴이 찌푸려졌다. 그가 몸을 둥글게 움츠리고 앉은 상태에서 두 손을 자신의 허벅지 사이에 끼우는 게 아닌가? 이야기를 나누는 30분 동안 그는 그 자세를 유지했다.

　　그녀는 상대 남성이 자신감이 부족한 사람일 것이라고 생각했다. 계속 이야기를 나누며 보영 씨는 자신의 판단이 틀리지 않았음을 알게 되었다. 그는 자신의 마른 몸매에 열등감을 느끼고 있었고, 친구들과 어울리는 것을 싫어했다. 자신감 넘치는 남성을 원했던 그녀는 이번 맞선이 성공하기 어려울 것이라는 생각이 들었다.

　　전문가들의 연구와 분석에 따르면 앉은 자세로 그 사람의 성격과 심리를 알 수 있다고 한다.

단정히 앉아 곁눈질하지 않는 사람은 완벽을 추구한다. 또한 주도면밀하고 현실적이다. 그러나 자신 있는 일만 하고 모험을 하려하지 않으며 참신함과 융통성이 부족하다.

몸을 옆으로 기울이고 앉는 사람은 다른 사람의 시선을 신경 쓰지 않는다. 그들은 종종 감정을 겉으로 드러내고, 사소한 일에 얽매이지 않는다.

몸을 웅크리고 두 손을 허벅지 사이에 끼우고 앉는 사람은 겸손하지만 자신감이 부족하다. 남에게 복종하는 경향이 있다.

다리를 벌리고 앉는 사람은 자신이 나서서 주관하기를 좋아하고, 지배적인 성격을 가지고 있다. 또한 외향적이며 세상물정을 모르고 사소한 것에 신경 쓰지 않는다. 여성이 만약 이러한 자세로 앉아 있다면 성 경험이 부족하다는 것을 의미한다.

복사뼈 부위를 교차하고 앉는 사람은 남자의 경우 두 손을 무릎 위에 놓거나 두 손을 꼭 쥐고 의자의 팔걸이에 올려놓는 경우가 많다. 여성의 경우에는 두 다리를 포개는 동시에 두 손을 자연스럽게 무릎 위에 놓거나 한 손을 다른 손 위에 포갠다. 이는 부정적인 생각을 억누르거나 경계심을 드러내는 행동이다.

일부 여성이 다리를 꼬는 것은 남자를 유혹하기 위해서다. 그 자세에서 손을 허벅지 위에 올려놓기도 하는데 이것은 주목을 받고 싶다는 신호다. 또한 낯선 장소에서 불안을 느낄 때 여성은 다리를 꼬기도 한다.

다른 사람 앞에 갑자기 다가와 앉는 사람은 표면적으로는 사소한 일에 구애받지 않지만 실제로는 불안감을 숨기고 있거나 속마음을 남에게 터놓지 않는다. 그렇기 때문에 자기도 모르게 이러한 행동을 하면서 자신의 억압된 심리를 감추는 것이다.

앉아서 몸을 흔들거나 다리를 떠는 사람, 발끝으로 바닥을 두드리는 사람은 초조하고 불안한 마음을 해소하려고 위와 같은 행동을 취한다.

나란히 앉는 것보다 마주앉는 것을 더 좋아하는 사람은 상대방이 자신을 이해해주기를 바란다.

꼿꼿하게 허리를 펴고 앉는 자세는 상대방의 말에 대한 깊은 흥미와 존중을 의미한다. 혹은 상대방에게 심리적인 우세를 드러내고 싶은 것일 수도 있다.

Tip for mind

앉은 자세와 심리는 상호작용한다. 한 연구 결과에 따르면 사람들은 앉은 자세에 따라 기분이 달라진다고 한다. 허리를 곧게 펴고 바르게 앉을 경우 구부정하게 앉을 때보다 더욱 긍정적이고 진취적이 된다.

절망적인 상황에서 머리를 감싸 안는 이유

　　　　　　한 심리전문가와 그의 아들이 축구 시합을 보러갔다. 그런데 안타깝게도 그들이 응원하는 팀이 지고 말았다. 아들과 아버지 사이에선 다음과 같은 대화가 오고 갔다.

"아, 정말 말도 안 돼. 이번엔 이길 줄 알았는데."

"질 수도 있는 거지. 너무 실망하지 말거라."

"네, 그런데 선수들이 너무 절망적으로 보여요."

"왜 그렇게 생각하니?"

"팀 전체가 머리를 감싸 안고 있거든요. 그건 절망을 나타내는 행동이잖아요."

"그런 걸 발견해 내다니 제법인 걸? 네 말대로 사람들은 절망에 빠지면 머리를 감싸 쥐지. 아기가 울면 어머니가 아기를 안고 머리를 받쳐주지 않니? 그때부터 우리에게는 절망적인 순간이 되면 머리를 감싸 안는 습관이 생긴 거란다."

시합에서 졌을 때, 선수가 자신을 위로하기 위해 할 수 있는 일은 많지 않다. 그렇기 때문에 머리를 감싸 안아서 자신을 위로하는 것이다. 당사자는 전혀 의식하지 못하고 있지만 손으로 자기 뒤통수를 감싸는 것은 어린 시절 어머니의 동작을 따라하는 것이다. 아기였을 때 그의 어머니가 자신의 머리를 받쳐주었던 것처럼 말이다.

정치가가 선거에서 패배했을 때도 이와 비슷한 동작을 취한다. 어떤 정치가는 자신의 눈이나 입을 가리고, 심지어는 얼굴 전체를 가리기도 한다. 눈을 가리는 이유는 다른 사람의 실망한 모습을 보고 싶지 않기 때문이다. 이것도 머리를 감싸 안는 것과 마찬가지 이치다.

Tip for mind

사람들은 위기에 빠졌을 때 또는 공포를 느낄 때 무의식적으로 머리를 감싼다. 이는 물리적인 공격을 막기 위한 것이 아니라 심리적인 안정을 얻기 위한 행동이다. 만약 당신의 친구나 주위 사람이 이러한 행동을 했다면 당신은 그를 위로해주어야 한다. 따스한 온기로 그 사람을 안아주면 절망적인 기분이 어느 정도 사라지게 될 것이다.

직장에서의
심리 분석

직장에서 우리는 마치 그물망 같은 복잡한 인간관계에 놓여있다. 상사와 동료, 부하직원들과 좋은 관계를 유지해야 할 뿐만 아니라 고객, 거래처 직원 등 다양한 사람과 교류해야 한다. 상사에게 인정받고, 부하에게 존경받는 직원이 되기 위해선 타인의 심리를 제대로 분석할 줄 알아야 한다.

상사는
당신을
눈여겨보고 있다

　　　희열 씨는 전자기기를 만드는 대기업에서 업무 관리 매니저를 맡고 있다. 그가 이끄는 팀은 줄곧 영업실적이 좋지 못했다. 직속상사는 그에게 새로운 판매 전략을 수립해 당면한 문제를 해결하라는 지시를 내렸다.

　며칠 동안 연구한 끝에 드디어 희열 씨는 새로운 전략을 세워 상사에게 보고하고 의견을 구했지만 그는 아무런 말을 하지 않았다. 희열 씨는 상사가 자신의 전략을 마음에 들어 하지 않는다는 생각에 힘이 빠졌다.

　정기회의 때, 상사는 다른 직원들이 보는 앞에서 그를 호되게 야단쳤고, 희열 씨의 체면은 땅바닥에 떨어졌다. 아무리 생각해도 그는 상사에게 미움을 살 만한 일은 한 적이 없었다. 그런데 상사는 어째서 자신에게만 그토록 매정한 것일까? 불안해진 희열 씨는 상사와 담판을 지어야겠다고 결심했다.

　다음 날. 상사가 미소를 지으며 자기 방에 들어가는 모습을 보았다. 오늘은 기분이 꽤 좋은 것 같았다. 희열 씨는 용기를 내 그의 방문을 두드렸고, 드릴 말씀이 있다고 공손하게 말했다. 상사는 미소를 지으며 그에게 앉으라고 말했다.

희열 씨는 자신은 업무에 최선을 다하고 있으며 회사를 더욱 발전시키고 싶다고 이야기했다. 상사는 그의 생각을 듣고 기쁜 듯 고개를 끄덕였다. 사실 상사는 그가 자신을 찾아온 이유를 알고 있었다. 그는 크게 한번 웃더니 이렇게 말했다.

"자네 말대로 나에게 의견을 물을 때마다 내가 확실하게 대답을 하지 않았지. 나는 자네가 스스로 방법을 찾길 바랐다네. 박 대리한텐 충분히 그럴 능력이 있으니까."

상사가 자신을 인정해주고 있다는 생각이 들자, 그의 마음은 단번에 홀가분해졌다. 그동안 느꼈던 답답함과 불안감은 저 멀리 날아가버렸다.

이 이야기의 희열 씨는 자신의 고민을 현명하게 해결했다. 일이 잘 풀리지 않을 때, 용기를 내어 상사에게 고민을 털어놓았다. 그리고 상사의 표정을 살펴 그가 기분이 좋은 날을 골랐다. 덕분에 그는 상사가 자신을 인정한다는 것을 알고 용기를 얻었을 뿐만 아니라 상사와 친해질 수 있었다.

상사가 당신에게 엄격하다고 해서 너무 실망하지 말라. 당신을 키울 만한 가치가 있는 인재라고 생각하기 때문에 당신에게 어려운 과제를 내주는 것일 수도 있다. 그러므로 자신의 일에 최선을 다하고, 적당한 기회에 상사와 소통을 나눈다면 원하는 목적을 달성할 수 있을 것이다.

직장에서 상사의 신임을 얻고 싶다면 자신의 진실한 마음을 표현하라. 그러면 당신은 그로부터 든든한 도움을 얻을 수 있고, 직장에서의 모든 일이 순풍에 돛단 듯 술술 풀릴 것이다.

면접관에게
자신을
어필하는 법

면접 시 당신은 자신을 판매하는 판매자가 된다. 마치 점원이 상품을 어필해서 고객이 그 상품을 사게 만드는 것처럼 말이다. 상대방을 관찰한 다음 그 심리를 정확하게 파악하면 상대를 자신의 페이스에 말려들게 할 수 있다.

다음은 그 구체적인 방법이다.

1. 먼저 침묵을 깨라

면접이 시작되면 면접자는 면접관이 먼저 운을 띄워 주기를 기다린다. 그러나 면접자가 먼저 인사를 하거나 말을 꺼내면 면접관에게 열정적이고 인간관계에 능한 사람이라는 좋은 인상을 심어줄 수 있다.

일단 자기소개부터 시작하라. 자기소개는 크고 낭랑한 목소리로 자연스럽게 하는 것이 좋다. 그러면 면접관은 당신이 자신감 있고 의사표현을 확실히 하는 사람이라고 느낄 것이다.

2. 생동감 있는 말투를 사용하라

단조롭지 않은 생동감 있는 말투는 면접관에게 똑똑하고 말 잘하는 사람이라는 인상을 심어줄 수 있다. 자신의 생각을 표현할 때는 간결하고 명확해야 한다. 불확실한 말이나 모호한 표현, 지식을 과시하는 표현은 삼간다.

3. 면접관의 미세한 반응을 주시하라

면접관만 구직자의 반응을 살피란 법은 없다. 구직자 또한 면접관의 행동을 잘 살펴야 취업에 성공할 수 있다.

한 취업 컨설턴트는 면접관의 행동을 이해하면 면접이 잘못된 방향으로 진행되는 것을 바로잡을 수 있다고 말한다. 예를 들어 면접관이 오른손을 얼굴에 괸 상태에서 가운데 손가락으로 입을 막고, 집게손가락이 오른쪽 눈가를 향해 뻗어 있다면 이는 구직자에게 흥미를 느끼지 못한다는 뜻이다.

4. 예민한 문제에 대해서는 교묘하게 대답하라

예를 들어 면접관이 "당신은 왜 전에 다니던 회사를 그만두었습니까?"라고 물었다고 하자.

"상사와 관계가 좋지 않았습니다. 저를 너무 힘들게 했기 때문이죠"라고 대답한다면 인사 담당자에게 나쁜 인상을 줄 수 있다. 그는 분명 당신이 단체 생활에 맞지 않고, 앞으로도 상사와 원만하게 지내지 못할 가능성이 있다고 생각할 것이다.

전 직장을 퇴직한 후 너무 오래 쉰 것 아니냐는 물음에는 어떻게 대답하는 게 좋을까?

"사실 다른 곳에도 지원을 많이 했지만 가는 곳마다 저를 마음에 들어 하지 않았습니다"라고 답하는 것은 어리석은 짓이다. 이러한 문제에는 다음과 같이 대답해야 한다.

"저는 직업을 고르는 데 매우 까다로운 편입니다. 발전가능성이 없어 보이는 회사에는 들어가고 싶지 않았습니다."

그렇게 되면 현재 지원한 회사는 발전가능성이 있는 회사라는 말이 된다. 면접관은 그 회사의 대표로서 이러한 아첨을 기꺼이 받아들인다.

Tip for mind

단 몇 분 동안 이루어지는 면접은 치열한 심리전이다. 면접자는 면접관의 표정을 살펴 면접 흐름을 파악해야 하는 동시에, 자신의 표정 또한 잘 관리해야 한다. 지피지기면 백전백승이라는 말처럼 자신과 타인의 심리를 잘 파악해야 면접에 성공할 수 있다.

싫어하는
동료는
어떻게 대해야 할까?

직장인들은 종종 업무보다 인간관계가 더 힘들다고 말한다. 업무의 효율성을 높이기 위해서 또는 원만한 조직 생활을 위해 좋은 인간관계를 유지해야 한다. 그러나 사람의 성격은 모두 제각각이므로 언제나 사이가 좋을 수만은 없다.

좋아하지 않는 동료와 같은 사무실에서 일하며 원만하게 지내기 위해서는 어떻게 해야 할까? 우리는 그들의 행동이나 대화 스타일을 분석함으로써 구체적인 대처 방법을 찾을 수 있다.

1. 남의 말 하기 좋아하는 사람 앞에서는 긍정도 부정도 하지 말라

남 얘기를 좋아하는 사람들이 많다. 함께 이야기를 하다가도 그 사람이 자리를 뜨면 그에 대한 흉을 보는 위험한 사람도 있다. 이러한 사람이 다른 동료를 비난할 때는 절대 자신의 생각을 드러내서는 안 된다. "그렇구나", "아~" 이런 식으로 어물어물 넘겨버리는 것이 좋다. 모호한 반응을 보임으로써 당신이 남의 험담을 하지 않는 성숙한 사람이라는 사실을 알게 하고, 그러한 화제로는 당신과 더 이상 어울릴 수 없다는 사실을 깨닫게 하는 것이다.

2. 불만이 많은 동료를 격려하라

하루 종일 우거지상을 하고 불만을 토로하는 사람이 있다. 부정적이고 비관적인 기분에 둘러싸인 그들은 주위 사람이 아무리 즐거운 이야기를 해도 흥미를 느끼지 못한다.

이러한 사람에게는 격려가 필요하다. 사실 그들은 자신의 재능이나 비범한 능력을 다른 사람이 알아주기를 간절히 바란다. 그러므로 그들의 업적을 칭찬하고 활력을 불어넣어 주어야 한다. 그렇게 되면 그들은 당신을 매우 고마운 동료라고 생각할 것이다.

3. 허풍 떠는 사람에게는 최대한 맞춰라

허풍을 떠는 사람들은 비교적 목소리가 크며 자신의 능력을 과시하기 바쁘다. 듣는 입장에서는 얼굴이 붉어질 정도로 민망하지만 그들은 전혀 깨닫지 못한다.

사실 이러한 사람들은 전형적인 열등감을 가진 사람이다. 자기 자랑을 하는 목적은 모두의 관심을 받고 허영심을 만족시키기 위해서다. 과장된 말투는 겉만 번지르르하고 실속이 없음을 드러낸다. 이러한 사람을 대할 때는 동의하는 척하고 애매모호하게 웃어넘기는 것이 좋다.

싫은 동료의 유형이 비단 위의 3가지만은 아니다. 원만한 사회생활을 위해서는 이들에게 융통성 있게 대응할 필요가 있다. 큰 싸움을 벌이거나 얼굴을 붉히지 않는 것이 결국 당신에게 득이 된다.

사원들은 저마다 다른 성격과 일처리 방식을 가지고 있다. 그러므로 함께 일하다 보면 당연히 트러블이 생길 수밖에 없다. 상사나 동료에 대한 심리분석을 하면 구체적인 대응책을 마련하는 데 큰 도움이 된다.

옷차림과
악수법에
숨은 심리

       대학에서 영어를 전공한 재경 씨는 졸업 후 한 외국계 기업에 들어갔다. 회사에 출근한 첫날, 동료들은 모두 그녀를 친절하게 맞아주었다. 퇴근 후, 그녀의 언니가 회사 사람들은 어떠냐고 물었다. 재경 씨는 밝은 표정으로 모두들 잘 해준다고 대답했다.

"그래도 사람은 겉만 봐서는 몰라. 물론 좋은 동료도 있지만 나쁜 짓만 골라하는 사람도 있는 법이지. 네 앞에서는 친절한 척해도 뒤에서는 무슨 일을 꾸미고 있을지 모르는 거라고."

언니가 말했다.

"그럼 어떻게 해야 해?"

마음이 조급해진 재경 씨가 물었다.

"이 책 한번 읽어보렴."

언니는 동생에게 심리학책을 한 권 건네주며 말했다.

"동료들의 성격을 제대로 파악하고 그들과 잘 지낼 수 있는 방법을 찾아야 비로소 사회에서 살아남을 수 있어."

우리는 사람과 사귈 때 통찰력을 가지고 단번에 상대방의 성격을 파악해야 한다. 예를 들어 상대방의 사소한 동작을 보고 심리상태와 성격을 추측하는 것이다. 대화, 옷차림 심지어 악수법에도 상대방의 심리가 숨어 있다.

1. 대화

언어는 사람의 성격을 가장 잘 드러내는 요소다. 우리는 만난 지 3분도 안 된 사람의 성격을 대화를 통해 대체적으로 파악할 수 있다. 당당하게 말하는 사람은 외향적인 성격이며, 신중하게 단어를 선택하고 사용하는 사람은 일을 할 때도 조심스럽다. 소소한 이야기를 좋아하는 사람은 차분한 성격이고, 목소리 톤이 높은 사람은 성격이 경박하고 제멋대로인 경향이 있다.

2. 옷의 색깔

상대방이 입은 옷의 색깔을 보고 우리는 그 사람의 성격을 파악할 수 있다. 호탕하고 열정적인 사람은 일반적으로 붉은색을 좋아하는데, 표현욕이 강하고 사소한 일에 신경 쓰지 않는다. 주황색 옷을 자주 입는 사람은 친절하고 남을 대접하기를 좋아하며, 성격이 매우 온화하다. 옅은 푸른색 계열의 옷을 입는 사람은 구속을 싫어하는 자유로운 사람이고, 녹색 옷을 입는 사람은 대부분 고상하고 우아하다. 짙은 회색 옷을 즐겨 입는 사람은 보수적이며 침착하고 진중하다. 물론 개인적인 기호를 무시할 수 없으므로 색깔 하나로 그 사람의 성격을 정형화할 수는 없다.

3. 악수법

악수는 사교활동과 비즈니스 예절에 있어서 소홀히 할 수 없는 부분이다.

미국의 리더십 연구가 로버트 E. 브라운Robert E. Brown은 악수의 유형으로 상대방의 심리를 파악할 수 있다고 한다.

악수를 할 때 팔을 쭉 뻗는 사람은 자신의 영역을 넓히고 주장을 내세우려는 욕망이 강하다. 반대로 상대를 잡아당기며 악수하는 사람들이 있다. 이들도 상황을 자신의 뜻대로 통제하려는 성향이 강하다. 한편 손바닥을 아래로 향하게 하여 상대의 손이 자신의 손 밑에 오게 하는 이들도 있다. 높은 지위에 있는 사람들이 종종 자신의 위치를 드러내기 위해 이런 식으로 악수를 한다. 내성적이고 소극적인 사람들은 손 전체가 아닌 두세 개의 손가락만 내미는 경향이 있다.

직장에서 성공하기 위해서는 업무 능력을 기를 뿐만 아니라, 동료, 상사, 거래처 직원, 고객과 잘 지낼 수 있는 방법도 파악해야 한다. 함께 일하는 동료 및 상사의 성격을 확실히 파악하고 그에 따른 예방책을 수립하자.

교제 행동에 관한 심리 분석

인간은 사회적 동물이기 때문에 대인관계가 매우 중요하다. 상대방의 마음을 잘 읽는 사람은 연애도 비즈니스도 잘한다. 우리는 상대방의 인사법, 대화 시 물리 적 거리, 카페에서 선호하는 자리 등을 통해 그의 심리를 파악할 수 있다.

인사법에
드러나는
개성

　　주원 씨는 이웃들과 사이좋게 지내는 사람이다. 최근에 그가 다니는 회사에 새로 과장이 부임을 해왔는데, 공교롭게도 주원 씨 동네에 살고 있는 것이었다. 주말 아침에 주원 씨는 집 근처에서 과장과 마주쳤다. 그는 먼저 다가가 인사를 건넸다.

　　"박 과장님, 안녕하세요?"

　　"아, 김 대리 안녕하세요?"

　　과장은 고개를 끄덕이며 인사를 했다.

　　나중에 주원 씨는 상사가 그를 만날 때마다 항상 같은 방식으로 인사를 한다는 사실을 발견했다. 사람을 볼 줄 아는 그는 상사가 마음속 깊은 곳에 생각을 감추고 있는 사람이라고 생각했다.

　　과장의 생일을 맞아, 주원 씨는 작은 선물을 과장의 책상 위에 올려두었다. 다음 날 아침, 주원 씨는 과장과 마주쳤고 그는 여느 때와 다름없이 "아, 김 대리 안녕하세요"라고 인사를 건넸다. 주원 씨는 선물을 주었는데도 똑같은 인사를 하는 상사를 보고, 혹시 자신이 보낸 선물이 마음에 들지 않았나 싶어 걱정이 되었다. 그런데 뜻밖에도 사무실 책상 위에 과장이 보낸 쪽지가 놓여 있는 것이었다. 쪽지에는 "김 대리 고마워요. 선물이 정말 마음에 듭니다"라고 쓰여 있었다.

이야기에 나오는 과장은 전형적인 관리자 스타일이다. 그는 사람과 사귈 때 조심스럽고, 언쟁의 여지를 남기지 않는다. 또한 자신의 이미지에 매우 신경을 쓴다. 그렇기 때문에 부하직원이 선물을 보냈어도 대놓고 기뻐하지 않고 남몰래 감사를 전하는 방법을 선택한 것이다. 이러한 성격은 그가 부하를 마주칠 때마다 건넨 인사에 이미 드러나 있다.

사람들은 누군가를 만났을 때 우호의 표시로 인사를 건넨다. 인사는 가장 간편하고 직접적인 예절이라고 할 수 있는데 인사 방식에는 사람의 성격이 잘 드러난다.

1. 인사할 때의 물리적 거리

친한 친구나 친밀한 사람과 인사를 할 때는 즉시 서로를 향해 다가간다. 그런 다음 친밀감을 느낄 수 있도록 상대방과 포옹을 하거나 이름 혹은 애칭을 부른다. 만약 누군가와 인사를 할 때 무의식적으로 뒤로 몇 걸음 물러선다면 이는 예의를 표하는 행동이다. 그러나 의식적으로 물러선다면 이는 당신을 꺼린다는 의미다.

2. 인사를 할 때 상대방의 눈을 바라보지 않는 이유

인사할 때 상대방이 당신의 눈을 바라보지 못하는 것은 당신에게 열등감을 느끼고 있기 때문이다. 소심한 사람도 상대방과 눈을 마주치지 못하는 경향이 있다.

3. 상대방의 눈을 주시하는 이유

인사를 할 때 상대방의 눈을 주시하는 사람은 경계심을 가지고 있을 가능성이 있다. 혹은 두 사람의 관계에서 우위를 점하고 싶은 것일 수도 있다.

4. 언제나 같은 방식으로 인사하는 사람

위의 이야기에 나온 과장이 바로 이러한 유형에 속한다. 자주 함께 식사를 하고 술을 마시는데도 항상 똑같은 인사를 하는 사람은 자기 방어적인 성격의 소유자다.

5. 초면에 예의를 차리지 않고 인사하는 사람

이러한 사람은 종종 다른 사람을 놀라게 하고, 매우 경박한 인상을 준다. 그러나 실제로는 외로움을 타고 다른 사람과 친해지기를 바란다.

심리전문가들은 특히 처음 만났을 때부터 여성에게 친근하게 구는 남자일수록 조심해야 한다고 이야기한다. 이러한 남자는 로맨틱하고 쉽게 사랑에 빠지는 나약한 성격을 가지고 있고, 여자에 집착한다.

심리학자들은 연구를 통해 사람이 인사를 할 때 자주 사용하는 말이 그 사람의 성격적인 특징을 드러낸다는 사실을 밝혀냈다.

"어이!"라고 말을 하는 사람은 성격이 밝고 대범한 편이다. 또한 활발하고 민첩한 사고, 풍부한 유머 감각을 가지고 있다.

"안녕하세요"라고 말하는 사람은 차분하고 보수적이며 책임감이 있다. 친구들의 신임이 두텁고, 감정 조절을 잘한다.

"만나서 반갑습니다!"라고 인사하는 사람은 성격이 활발하고 친절하며 겸손하다. 다양한 분야에 흥미를 가지고 있으나 다소 감정적이다.

"요즘 어떻게 지내십니까?"라고 인사하는 사람은 자신을 드러내기 좋아하고, 대범하며 자신감이 넘친다. 남들의 주목을 받고 싶어 하지만 행동을 하기 전에 반드시 여러 번 생각하고 쉽사리 행동에 옮기지 않는다. 일단 자신이 맡은 일에는 최선을 다하고, 완성시키기 전까지는 절대 쉬지 않는다.

Tip for mind

사람마다 인사하는 방식도 제각각이다. 먼저 인사하거나 인사에 답하는 스타일을 보면 그 사람의 성격적인 특징을 알 수 있다.

글씨체에
담긴
인격적 소양

　　　　서윤 씨는 아는 사람의 추천으로 잡지사에 면접을
볼 기회를 얻었다. 면접을 보는 날 그녀는 정성을 들여 단장을 했다. 집을
나서기 전에 식구들은 그녀가 분명 면접에 합격할 것이라고 생각했다.

　점심 때 쯤 서윤 씨가 집으로 돌아왔다. 식구들은 낙심한 그녀의 표정
을 보고 무슨 일이냐고 물었다. 일의 경위는 다음과 같다.

　서윤 씨가 지원한 분야는 편집 분야였다. 다른 응시자들과 마찬가지
로 그녀는 직접 쓴 원고를 가지고 갔다. 그러나 지원자들이 다들 상당한
수준이라 합격자를 결정하기 어려워진 면접관은 편집장에게 자문을 구
했다. 편집장은 전형적인 '아날로그 스타일'이라 고전적인 시험방식을 좋
아했다. 그는 한사람의 지식과 소양이 글씨체에 드러난다고 믿는 사람이
었다. 편집장은 최근에 떠오르는 화제를 시험문제로 낸 다음 응시자에게
즉석에서 답안을 적으라고 했다. 그 결과, 편집장은 서윤 씨의 답안을 보
고 글씨체가 조잡하고 관점이 모호하다는 평을 내렸다.

편집장은 비록 소질은 좀 부족하지만 글씨체가 예쁜 젊은이를 선택했다. 때문에 면접을 보러왔던 사람들 사이에서는 불만이 터져 나왔다. 그들은 서윤 씨와 마찬가지로 자신이 악필이라는 사실을 한탄할 수밖에 없었다.

편집장이 인재를 채용하는 방식이 매우 바람직하다고는 볼 수 없다. 그러나 의외로 많은 사람들이 상대방의 글씨체로 그의 지식수준과 소양을 판단한다는 사실은 인정해야 한다.

글씨는 사람들에게 생각이나 감정을 전달하고 서로의 생각을 나누는 수단 중 하나다. 우리는 글씨체를 통해 그 사람의 성격적 특징이나 심리 등을 추측할 수 있고, 이것이 적중할 확률은 60~70퍼센트에 달한다. 이를 구체적으로 살펴보면 다음과 같다.

1. 글씨의 크기

글씨를 지나치게 작게 쓰는 사람은 관찰이나 정밀한 계산에 능한 사람이다. 글씨를 빽빽하게 쓰는 사람은 인색하고 타산적이다. 글씨를 너무 크게 쓰는 사람은 과도한 자신감을 가지고 있으며 제멋대로 행동한다. 또한 일을 할 때 비교적 조잡한 편이다.

2. 글씨의 균등한 정도

글씨의 모양이나 크기가 일정하지 않은 사람은 성질이 급하고 질투심이 강하다. 반면 균등한 사람은 차분하고 진중하며, 자신이 맡은 일은 끝까지 완성한다.

3. 글씨의 구조

글씨체가 전체적으로 네모난 사람은 일반적으로 일처리가 신중하고 기억력이 뛰어나다. 반대로 글씨체가 둥그스름하고 크기, 길이 등에 변화가 있는 사람은 적응력이 강하고 교제에 능숙하다.

4. 글씨의 형태

글씨에 모가 나 있는 사람은 개성이 뚜렷하고 자신의 입장을 끝까지 고수한다. 반대로 글씨가 둥글둥글하면 상냥하며 노련하고 사람의 마음을 구슬리는 데 능하다.

5. 글씨체의 변화

늘 새로운 글씨체를 추구하는 사람은 대부분 용감하고 모험을 좋아한다. 글자의 행간에 기복이 심한 사람은 사교술이 뛰어나고 다른 사람의 약점을 발견하는 데 능하다. 글씨를 쓸 때 점점 위로 올라가는 사람은 낙관주의자고, 점점 밑으로 내려가는 사람은 비관주의자다.

그밖에도 다른 사람의 글씨체를 따라하는 사람도 있는데, 이는 일반적으로 일을 맡길 수 있는 믿을 만한 사람이다. 아라비아 숫자를 쓸 때 정성을 들여 예쁘게 쓰는 사람은 일반적으로 내면에 생각을 숨기고, 희로애락을 겉으로 드러내지 않으며 신중하다. 글씨를 힘을 주어 꾹꾹 눌러 쓰는 사람은 민감한 사람일 가능성이 있다.

 Tip for mind

미국에서는 많은 회사에서 인재를 채용할 때 필적 전문가의 의견을 참고하고 있다. 글씨체를 통해 구직 시 응시자의 심리상태를 알아내고, 이를 이용해 그들이 가진 재능을 충분히 발휘하도록 개인의 성격에 따라 업무를 분배한다.

선호하는
자리를 통해
심리를 알 수 있다

어느 유명한 외국계 기업이 한 대학에서 채용설명회를 열었다. 당일 8백 명이 넘는 학생이 채용설명회에 참석했는데, 설명회가 끝날 무렵에는 그중 3분의 1만이 다음 단계에 도전할 수 있는 기회를 얻었다.

그렇다면 이 기업은 어떻게 짧은 시간 안에 인재를 선별할 수 있었을까? 그 비밀은 바로 학생들이 앉은 자리였다.

우선 감독관은 학생들이 현장에 들어오는 순서를 살폈다. 늦게 와 뒤에 앉게 된 학생은 희망이 없다고 판단했다. 그리고 아무리 우수한 학생이라도 양쪽 구석에 앉은 사람은 제외시켰다. 중간에 앉은 학생들은 설명회를 듣는 태도를 보고 판단했다. 눈빛을 교환하고 적극적으로 대답하는 학생은 고려할 여지가 있으므로 남겨두었다. 이렇게 해서 3분의 1이 추려진 것이다.

이 기업의 인재선발방식은 심리학에 근거를 두고 있다. 특정한 자리에 대한 자신만의 기호는 그 사람의 심리를 드러낸다.

1. 가운데 자리에 앉는 사람

다른 사람과 이야기를 나눌 때, 화제는 늘 자신과 관련된 것이다. 그들은 표현욕이 강하고 자기중심적이기 때문에 다른 사람에게는 관심이 없다. 또한 그들은 체면 차리기를 좋아해서 나서서 계산을 하고, 일을 할 때는 리더십을 발휘한다.

그들의 가장 큰 단점은 다른 사람의 감정을 신경 쓰지 않는다는 것이다. 만약 식당에서 식사를 하는데 점원이 실수로 음식을 잘못 가져오면 그는 분명 점원과 다투기 시작할 것이다. 그들과 소통하거나 함께 지내기는 결코 쉽지 않다.

2. 창가에 앉는 사람

창가 자리는 빛이 들어와 밝고, 창문으로 밖의 풍경을 보고 무슨 일이 일어나는지 알 수 있다. 일반적으로 평범한 사람이 창가에 앉는 것을 좋아한다.

3. 문 입구에 앉는 사람

바깥으로 나가기 힘든 입구 쪽은 많은 사람들이 꺼리는 장소다. 이곳에 앉아 있는 사람들은 대부분 적극적이고 낙관적이다. 기꺼이 다른 사람을 도와준다. 그렇기 때문에 한가할 틈이 없다.

4. 구석에 앉는 사람

구석 자리를 선택하는 이유는 주위가 한눈에 들어오기 때문이다. 그렇게 되면 그 장소에 있는 모든 사람과 벌어지는 일을 확실히 볼 수 있다.

이러한 사람은 방관자로서의 역할이 습관이 되어 있기 때문에 기본적으로 결정 능력과 리더로서의 적극적인 태도가 부족하다. 그러므로 리더보다는 고문 같은 역할이 잘 맞는다.

5. 벽을 마주보고 앉는 사람

벽에 가까운 자리를 좋아하는 사람, 특히 벽을 마주하고 다른 사람을 등진 채로 앉는 사람은 다른 사람과 관계하고 싶지 않다는 심리상태를 나타낸다. 다른 사람을 등지고 앉는 것은 자신의 세계에 열중하고 있다는 뜻이다.

6. 벽을 등지고 앉는 사람

벽을 등지고 앉는 것은 매우 흔한 심리적 반응이다. 등을 벽에 붙이면 등 뒤에서 누군가 기습하지는 않을까 걱정하지 않아도 되고, 사방이 한눈에 들어와 주위의 동태를 쉽게 파악할 수 있다. 이는 안심감을 주는 본능적인 행동이다.

그 밖에 어떤 장소에 들어가 사방을 둘러본 후 다른 사람들에게 "저기 앉아!"라고 말하는 사람은 자신감이 넘치고 기가 센 사람이다. 마음속 생각을 직접적으로 표현하기 때문에 독단적이고 다른 사람의 미움을 사기 쉽다.

늘 다른 사람의 뒤에 서서 자리를 배정해주기를 기다리는 사람은 누군가에게 의지하려는 경향이 있다. 주도적으로 일을 처리하지 못하고, 다른 사람에게 협력만 하는 스타일이다.

즉시 관계자에게 구체적인 상황을 묻는 사람은 비록 융통성은 있지만 결과를 우선시 하고 다른 사람의 기호나 분위기 등 심리적으로 중요한 요소를 소홀히 한다. 다른 사람의 의견이나 생각을 고려하지 않는 면도 있다.

커피숍, 음식점, 회의실 등 앉을 자리를 선택할 수 있는 상황에서 당신은 어떤 자리를 선택하는가? 우리는 선택하는 자리를 보고 타인의 성격을 파악할 수도 있고, 반대로 타인이 당신의 심리상태를 알아챌 수도 있다.

서로의 심리적
거리를
좁히는 법

김 씨는 은퇴를 한 후, 줄곧 한가로운 일상을 보내고 있다. 그러던 어느 날 그의 딸이 남자친구를 집에 데려오게 됐다.

남자친구가 오기로 한 날, 김 씨는 부인을 도와 오전 내내 열심히 음식 준비를 했다. 딸의 남자친구는 매우 수줍은 청년이었다. 식탁에서도 그저 묵묵히 밥만 먹을 뿐이었다.

딸의 남자친구가 어색해하는 모습을 보고 김 씨는 그와 차근차근 이야기를 나누어보기로 결심했다. 그래서 아내와 딸이 주방에서 다과를 준비하는 사이 딸의 남자친구에게 말했다.

"이보게, 너무 긴장하지 말게. 자네가 어떤 기분일지 아주 잘 아네. 나도 예전에 애 엄마랑 사귈 때 장인어른 앞에서 안절부절못했거든."

그의 말에 청년은 긴장이 풀렸고, 곧 두 사람은 편하게 이야기를 나누기 시작했다.

이야기에 나오는 김 씨는 심리적인 거리를 좁힐 줄 아는 사람이다. 어색해하는 딸의 남자친구에게 자기의 경험을 털어놓아 심리적 긴장감을 풀어주었고, 이에 두 사람은 자연스럽게 친해졌다.

사람과 사귈 때, 특히 누군가를 처음 만나는 자리에서는 상대방과의 심리적인 거리를 좁힐 필요가 있다. 사교성이 뛰어난 사람은 처음 만난 사람과도 금방 친해지고, 교제의 주도권을 잡는다. 반면에 사교성이 부족한 사람은 멀뚱멀뚱 바라보고 어색한 분위기를 만든다.

사실 처음 만난 두 사람 사이에는 심리적인 거리감이 존재한다. 이 거리를 좁히기 위해서는 심리적 전술을 사용하는 법을 이해해야 한다. 서로 마음이 맞는 부분을 찾아 친밀감을 느끼는 것이다.

그렇다면 우리는 어떻게 처음 만난 사람과 심리적 거리를 좁힐 수 있을까?

1. 공통의 화제를 찾아라

공통의 화제를 찾기 위해서는 상대방을 관찰하는 데 능숙해야 한다. 성격이나 기호, 심리 상태 등은 그 사람의 표정이나 차림새, 말투나 태도 등에 드러나기 마련이다. 이러한 부분을 잘 관찰하면 자신과의 공통점을 발견할 수 있을 것이다. 그밖에도 우리는 추측하고 분석하는 법을 배워야 한다. 상대방에 대한 정보는 대부분 대화 속에 숨어있기 때문에 이를 자세하게 분석해야 한다.

2. 언어 기술을 사용하라

대화 중 상대방의 이름을 불러주면 알게 된 지 얼마 안 된 사이라 하더라도 친근하고 편한 느낌을 준다. 또한 상대방과 자신을 지칭해 '우리'라는 표현을 쓰는 것도 서로의 거리를 좁히는 좋은 방법이다.

3. 호감을 표하라

상대방의 호감을 사기 위해선 그에 대한 관심을 표하는 것이 좋다. 예를 들어 결혼기념일이나 생일 등 특별한 날을 기억하고 축하하는 것이다.

상대방과 자주 만나는 것도 좋다. 한 번에 길게 만나는 것보다 자주 보는 것이 더 효과적이다.

Tip for mind

원만한 인간관계를 구축하기 위해서는 심리적 거리를 좁히는 것이 최우선 과제다. 공통적인 화제를 찾아내 우리라는 인식을 심어주는 것이 좋다.

사랑에 관한 심리 분석

연애에는 어느 정도 밀고 당기기가 필요하다. 특히 오랜 연인 사이에서는 적당한 '밀당'이 긴장을 준다. 사랑에 관한 심리를 이해하고 심리적 전술을 적절하게 사용한다면 당신도 연애의 고수가 될 수 있다.

먼 옛날, 유백옥劉伯玉이라는 사람이 있었다. 그의 부인 단斷 씨는 전형적인 질투의 화신이었다. 유백옥이 《낙신부洛神賦》(중국 삼국시대 위나라의 조식이 지은 산문부. 작가와 낙수여신이 만나 서로 사랑하게 되지만 사람과 신은 서로 달라 가까이할 수 없는 안타까운 심정을 표현했다. - 편집자주)를 읽고 여주인공의 매력을 칭찬하자 듣고 있던 부인이 화를 내며 말했다.

"당신은 어쩜 나는 거들떠보지도 않으면서 한낱 소설 속 여주인공을 칭찬할 수 있어요? 소설 속 여주인공만도 못한 저는 차라리 죽는 게 낫겠어요."

유백옥은 부인이 홧김에 한 말이라고 생각했지만 그녀는 정말 물에 빠져 죽고 말았다. 훗날 사람들은 단 씨가 물에 빠져 죽은 지역을 투부진妬婦津(투부는 질투가 심한 부인이라는 뜻 - 역자주)이라 불렀다.

사랑하는 사람끼리는 흔히 질투를 한다. 상대방이 세심하게 챙겨줄 때 우리는 행복감을 느낀다. 그러나 한편으로는 이런 의문이 든다.

'전에 사귀던 사람한테도 이렇게 잘해줬을까?'

상대방이 다른 이성과 친밀한 감정상의 교류를 나눈 적이 있다는 사실을 알게 되면 그것을 마음에 두기 시작한다. 그리고 사소한 행동에도 예민하게 대응하게 된다.

어느 날, 한 남자가 퇴근하는 길에 대학 여자동기를 만나게 되었다. 그녀는 남자와 그리 멀지 않는 곳에 살고 있어서 이야기를 나누며 함께 돌아왔다. 그런데 다음 날 남자의 부인이 그 사실을 알게 된 것이다. 질투심이 타오른 그녀는 그들이 전에 서로 좋아했던 사이가 아닌지 의심했고, 남편의 어떤 해명도 받아들이지 않았다. 부인의 질투로, 그들의 순수한 우정은 상처를 받았다.

연애 중인 사람들은 대부분 예민하다. 어떤 사람들은 연인이 다른 이성을 만나거나 심지어 이성을 쳐다보기만 해도 질투를 한다. 만약 이때 애인이 변명이나 해명을 하지 않으면 더 의심을 하고 자신의 판단을 끝까지 믿는다. 그리고 상대방을 속박함으로써 내면의 불안을 해소하려 한다. 이는 여성에게서 비교적 자주 볼 수 있다.

여자만 질투를 하는 것이 아니다. 남자도 질투를 하지만 표현 방식이 다를 뿐이다. 만약 제삼자 때문에 질투를 하게 되었다면 여자는 그 책임을 제삼자에게 덮어씌운다. 그 여자가 자신들의 행복을 망가뜨리기 위해 꼬리를 쳤다고 생각하는 것이다. 그러나 같은 상황에서 남자는 연인의 탓으로 돌린다. 왜냐하면 여자친구가 감정에 충실하지 않았다고 생각하기 때문이다.

도가 넘은 질투는 연애 중인 사람들에게 부정적인 영향을 끼친다. 그럼에도 불구하고 어떤 사람들은 질투를 즐기고, 심지어는 일부러 상대방의 질투심을 불러일으킬 만한 일을 꾸미기도 한다.

대학생 커플을 대상으로 실시한 한 연구에 따르면, 여학생의 3분의 1, 남학생의 5분의 1이 현재 애인의 관심을 끌기 위해 이성과 장난을 치거나 헤어진 연인의 이야기를 꺼낸 적이 있다고 한다. 그러나 불행하게도 이러한 행동은 오히려 서로에게 상처를 준다.

연인 사이의 질투는 서로를 소유하려는 관념에서 나타난다. 질투 하는 사람 입장에서는 두 사람이 분명 서로 사랑하고 있는 상태니 상대방은 자신에게 속한 것이라고 생각한다. 모든 것이 자기 위주로 돌아가지 않으면 상대방의 사랑이 부족하기 때문이라고 여긴다. 연인은 서로에게 충실해야 하지만 이것이 구속을 의미하지는 않는다.

질투는 사랑을 파괴하고, 두 사람 사이에 그림자를 드리운다. 질투 때문에 종종 이성을 잃고, 어리석은 짓을 저지르곤 한다. 동서고금을 막론하고 질투 때문에 상처를 받고 심지어 목숨까지도 잃은 사람이 얼마나 많았던가. 질투는 우리의 몸과 마음에서 뿌리를 뽑아야 하는 감정이다.

그러나 우리가 인정할 수밖에 없는 사실은, 연인 혹은 부부 사이의 질투는 분명 서로 사랑하기 때문에 생긴다는 것이다. 그러므로 사랑을 할 때 어느 한 쪽이 질투를 하게 되는 경우, 이를 너무 단순하고 거친 방법으로 해결하려 해서는 안 된다. 섬세하고 이성적으로, 그리고 냉정하게

문제를 해결하고, 질투로 생긴 불행의 상처를 진심 어린 존중과 보살핌
으로 치료해야 한다.

 Tip for mind

질투는 사랑의 필수조건이 아니다. 그것은 한사람의 성격이나 마음의 도량과 큰 관
계가 있다. 속이 좁은 사람은 쉽게 질투를 한다. 그러므로 질투를 억제하고 근절하기
위한 가장 근본적인 방법은 넓은 마음과 이해심을 갖는 것이다.

물리적 거리는
곧
심리적 거리

사귄 지 꽤 되었는데 상대방은 나를 얼마나 깊이 사랑하고 있을까?

아마 연애를 하고 있는 남녀 중 많은 사람이 이러한 문제로 고민하고 있을 것이다. 이는 두 사람의 감정이 이미 안정된 상황에 접어들어 더 깊은 사이로 발전하는 시기에 나타나는 문제다. 상대방과 나의 생각이 같은지 아닌지 어떻게 판단할 수 있을까? 이럴 때 컵을 사용해 테스트해 볼 수 있다.

은영 씨와 창훈 씨는 대학생 때 서로 첫눈에 반해 10년 넘게 사귀고 있다. 10년 동안, 그들은 각자 자신의 꿈을 위해 열심히 뛰어왔다. 올해 은영 씨는 서른이다. 더 이상 청춘의 아름다움을 느낄 수 없는 거울 속 자신의 모습을 보면서 그녀는 조금 걱정이 되었다. 은영 씨는 결혼을 해서 가정을 이루고 싶었다. 그러나 남자친구는 일밖에 모르는 사람이라는 사실을 그녀는 잘 알고 있었다.

창훈 씨는 자신만의 회사를 차리겠다는 야무진 꿈을 가지고 있었다. '과연 그는 나와 결혼을 하고 싶어 할까?' 은영 씨는 남자친구와 진지하게 이야기를 해봐야겠다고 결심했다.

퇴근 후, 그들은 처음 데이트를 했던 카페에서 만나기로 약속했다. 두 사람은 마주 앉아서 아무 말 없이 그저 커피만 마셨다. 은영 씨는 남자친구가 먼저 무슨 말이라도 꺼내주기를 바랐지만 그는 휴대폰만 만지작거리고 있었다. 그녀는 어쩔 수 없이 먼저 입을 열었다.

"자기야, 앞으로 어떻게 할지 생각해봤어?"

남자는 잠시 생각을 하더니 진지한 눈빛으로 은영 씨를 바라보며 말했다.

"일을 그만두고 회사를 차릴 생각이야. 어떻게 생각해? 지금 회사에서 일한 지도 꽤 됐으니 나도 업계의 흐름은 잘 알고 있어. 분명 성공할 거야."

은영 씨는 미소를 지으며 그에게 말했다.

"난 자기의 능력을 믿어. 뭘 하든 잘 해낼 거야."

그러자 창훈 씨가 말했다.

"회사를 차리고 어느 정도 안정되면 정원 딸린 멋진 집을 살 거야. 거기서 아이들을 낳고 함께 살자!"

그는 정말로 은영 씨를 사랑했고, 그녀도 잘 알고 있었다.

은영 씨는 그를 시험해 보기로 했다.

"난 큰 집은 필요 없어. 그저 우리 두 사람만 함께 있을 수 있다면 충분해. 나 지금 서른이야. 더 늦기 전에 우리 어서 결혼하자.”

은영 씨는 남자친구의 옆에 앉았다. 그의 어깨에 다정히 기대고는 자신의 커피 잔을 남자친구의 커피 잔 옆에 놓았다. 잔은 마치 그들처럼 바싹 붙어 있었다.

그는 커피 잔을 가져다 커피를 한 모금 마셨다. 그러고는 은영 씨의 커피 잔에서 10센티미터 쯤 떨어진 곳에 자신의 잔을 내려놓고 이렇게 말했다.

“나는 널 행복하게 해주고 싶어. 단칸방에서 아이들과 복닥거리며 사는 건 원하지 않아. 날 믿어. 회사를 차리기만 하면 2년 안에 좋은 집을 살 수 있을 거야. 집을 사고 나면 바로 결혼하자.”

은영 씨는 한숨을 쉬었다. 그녀는 남자친구의 성격을 너무나도 잘 알고 있었다. 한 번 결정한 일은 결코 바꾸지 않는 그는 분명 회사를 차릴 준비를 하는 중요한 시기에 결혼을 하지는 않을 것이었다. 지금 그녀가 해야 할 일은 자신을 10년 동안 사랑해준 이 남자를 격려하는 것뿐이었다.

은영 씨가 결혼이야기를 꺼냈을 때 남자는 비록 딱 부러지게 거절하지는 않았지만 그녀는 그의 마음을 알 수 있었다. 바로 커피 잔 때문이다. 그에게 기대고 있을 때, 그녀는 자신의 커피 잔을 남자친구의 잔 옆으로 옮겨 놓았다. 남자는 커피를 마시고 자신의 잔을 여자친구의 커피 잔에서 10센티미터쯤 떨어진 자리에 놓았다. 이는 그에게 지금은 결혼할 생각이 없다는 것을 의미한다. 이처럼 컵을 이용하면 연애중인 두 사람의 속마음을 살펴볼 수 있다.

당신도 연애 중이라면 한번 이 방법을 이용해 보면 어떨까? 이야기를 나누면서 별 뜻 없는 척 자신의 컵을 상대방의 컵 옆에 옮겨놓는다. 이때 상대방이 자신의 컵을 자기 쪽으로 옮기지 않으면 이는 당신을 받아들였다는 증거다. 만약 반대라면 현재 상황을 유지하고 싶다는 의미이므로 상대방에게 시간을 주는 편이 좋다.

물론 컵이 아닌 다른 방법을 사용해도 좋다. 예를 들어 상대방과 마주 보고 앉아 있을 때 손을 그 사람이 앉은 테이블 쪽으로 자연스럽게 올려놓고, 상대방의 손이나 몸이 움츠러드는지 그 반응을 보는 것이다. 나란히 앉아있을 때는 일부러 몸을 가깝게 하거나 기댄 다음 상대방의 반응을 관찰해 보도록 한다.

연애를 할 때 컵을 이용하면 상대방과의 심리적 거리를 알 수 있다. 심리적 거리는 물리적 거리를 통해 나타나기 때문이다. 이로써 당신은 상대의 마음을 더욱 잘 파악하게 될 것이다.

데이트에
늦는
그의 심리

　　"정말 미안해. 차에 시동이 걸리지 않아서 말이야.
10분만 더 기다려줘. 금방 갈게."

　남자는 수화기 너머로 여자친구에게 사정을 설명했다. 비단 오늘 뿐만
이 아니다. 언제 어디서 약속을 하든 남자는 늘 약속시간에 늦었다. 짧게
는 10분, 길게는 1시간이나 늦은 적도 있었다. 여자는 더 이상 참을 수가
없었다.

　남자가 허둥지둥 약속 장소에 나타났을 때 여자는 그에게 이별을 통보
했다.

　"우리 헤어져. 당신을 기다리는 데 이제 너무 지쳤어."

　그녀와 같은 상황이라면 아마 누구라도 이별을 선택했을 것이다. 남자
가 항상 약속시간에 늦는 것은 성격과 관련이 있다. 우리는 약속 시간에
대한 태도로 그 사람의 특성을 파악할 수 있다.

1. 항상 지각하는 사람

항상 지각하는 사람은 자신의 의지에 따라 일을 진행하기를 좋아하고 다른 사람에게 통제받는 것을 싫어한다. 성격도 제멋대로고 고집만 센 어린아이 같은 사람이다.

그를 잘 아는 사람들은 대부분 자신도 약속시간이 지나서 나타난다. 이런 사람들은 주변인들에게 신뢰를 잃고 미움을 받는다.

2. 약속 시간에 딱 맞추는 사람

절대 지각하는 법이 없는 사람은 인생을 소중히 여길 줄 안다. 이들은 자신의 시간뿐만 아니라 다른 사람의 시간도 소중하게 생각한다. 또한 상대방을 기꺼이 기다려주지만 남을 기다리게 만들지 않는다. 일을 할 때도 계획성 있게 신중하게 처리한다.

3. 약속장소에 미리 도착하는 사람

이러한 사람은 전형적인 완벽주의자다. 자신의 생활을 엄격하게 컨트롤하고 무슨 일이든지 질서정연하게 완성시키는 것을 좋아한다. 그러나 갑자기 예상치 못한 상황이 발생하면 초조하고 불안해한다.

이러한 사람은 개인의 기호나 가치관에 따라 어떤 일을 결정하고, 다른 사람도 자신과 같은 기준에 따르길 바라는 경향이 있다. 때로는 남의 일을 과도하게 걱정하기도 하고, 다른 사람이나 일을 실제와 맞지 않게 이상화시키기도 한다. 다른 사람을 통제하거나 비판하지는 않지만 종종 자기 자신을 비판하고 반성한다. 때로는 화목한 분위기를 위해 자신의 이익을 희생하기도 한다.

　당신이 어떤 유형에 속하든 시간을 지키는 것은 매우 중요하다. 시간을 지키지 않는 것은 자신뿐만 아니라 다른 사람의 소중한 인생을 낭비하는 것이다. 시간만 잘 지켜도 타인의 호감을 얻을 수 있다.

Tip for mind

사소해 보이지만 약속을 지키는 것은 그 사람의 됨됨이를 나타낸다. 당신이 다른 사람의 시간을 소중하게 생각하지 않으면 다른 사람도 당신의 시간을 소중하게 여기지 않을 것이다.

실연 후
마음을
추스르는 법

　　　　　　결혼한 지 6개월 만에 결혼한 남자의 이야기다. 그는 결혼 전에는 평생 변치 않는 마음으로 잘 살 것이라고 생각했지만, 막상 결혼을 하고 나니 서로 맞지 않는 점이 많다는 사실을 깨닫게 됐다. 그들은 매일같이 싸웠고, 하루도 조용할 날이 없었다. 결국 결혼한 지 반년 만에 두 사람은 이혼하기로 했다.

　이혼 직후, 남자는 외로움에 시달리며 이혼을 후회했다. 매일 술을 마시고, 헤어진 아내에게 전화를 걸었다. 자신의 모습에 한심함을 느낀 그는 휴가를 내서 혼자 여행을 떠났다. 재결합을 해도 예전 결혼 생활과 다름이 없을 것이고, 무엇보다 아내는 이미 마음을 정리한 듯했다. 여행에서 돌아온 남자는 자연스럽게 실연의 아픔을 극복했고, 그는 더 이상 술을 마시고 헤어진 아내에게 전화를 걸지 않았다.

　실연이라는 아프고 힘든 경험은 사람들에게 심리적인 상처를 남긴다.

초조함과 열등감, 절망적인 감정이 강렬하게 느껴진다. 어떤 사람들은 자포자기하며 자신에 대한 믿음을 잃은 나머지 복수를 생각하는 심리적 장애를 겪기도 한다.

실연은 인생에 있어 심리적 좌절 중 하나라고 볼 수 있다. 그러나 실연도 개인의 성장과정의 일부다. 실연에 올바르게 대처하면 그것은 우리 삶을 변화시키고 더 나아지게 만들 것이다. 그러므로 우리는 사랑이 가져오는 슬픔을 담담히 맞이하는 법을 배워야 한다. 실연의 그늘에서 벗어나 한층 성장하면 아름다운 인생이 다시 눈앞에 펼쳐질 것이다.

그렇다면 실연 후에 우리는 어떻게 마음을 추슬러야 할까?

1. 우울한 감정을 발산하라

제아무리 강한 사람이라도 실연을 하고 나면 초조함과 우울함 등 부정적인 감정을 느끼기 마련이다. 울음을 참고 억지로 미소를 지으면 겉으로는 꿋꿋해 보여도 자기 자신에게 상처가 된다. 누구에게나 울 권리는 있다. 사람들 앞에서 울지 못하는 사람은 혼자 울 수 있는 장소를 찾아라. 크게 울고 나면 한층 마음이 편해질 것이다.

2. 실연을 교훈으로 삼아라

실연을 겪으면서 우리는 참기 힘든 고통, 심리적인 충격을 경험하게 된다. 이를 인생의 소중한 경험으로 생각하면 더 많은 깨달음을 얻을 수 있고, 실연을 통해 당신은 더욱 성숙해진다.

실연을 한 초기에 사람들은 대부분 자신감을 잃고, 후회와 고통스런 나날을 보낸다. 아무도 만나려 하지 않고, 현실에서 도피한다.

실연 후에 마음을 다잡기 위한 가장 좋은 방법은 하루하루를 알차게 보내는 것이다. 학업이나 일에 집중하는 것도 실연을 극복하는 좋은 방법이다.

일반적으로 실연 후 3개월 정도가 지나면 대부분 마음을 추스를 수 있다고 한다. 그러나 3개월이 지나도 마음을 추스르지 못하는 사람은 전문가에게 심리 상담을 받아보는 편이 좋다.

더 이상 사랑하지 않는다는 것을 알면서도 놓아주지 않을 때 우리는 상처를 받는다. 그러나 깨끗하게 헤어지면 마음이 가벼워진다. 이별이나 실연에 크게 마음을 쓸 필요는 없다. 과거가 아무리 아름다웠어도 과거는 과거일 뿐이기 때문이다. 우리에겐 아직 갈 길이 많이 남아 있다. 오늘을 잘 보내고, 내일을 맞이하는 일이 가장 중요하다.

Tip for mind

실연은 또 다른 사랑의 시작이다. 지금 당장은 좌절로 느껴질지도 모르지만 또 다른 사랑을 할 수 있는 기회이기도 하다.

마음을 다스리는 심리학 명언

＊말과 마법은 본래 하나였다. 그리고 지금도 말은 강력한 마력을
  지닌다.

- 지그문트 프로이트Sigmund Freud, 정신분석학의 대가

＊나의 내면이 무엇을 원하고 말하는지 진정으로 깨닫는다면 마음
  의 고통은 사라진다.

- 칼 구스타브 융Carl Gustav Jung, 분석심리학의 창시자

＊인간의 가장 놀라운 능력 중 하나는 마이너스를 플러스로 만드
  는 것이다.

- 알프레드 아들러Alfred Adler, 개인심리학의 창시자

＊인간이 실패하는 이유는 단 하나, 자기 자신에 대한 진정한 믿음
  이 부족하기 때문이다.

- 윌리엄 제임스William james, 미국 최초의 심리학자

＊다른 동물과 마찬가지로 인간도 환경으로 형성된다. 하지만 인간에게는 새로운 환경에 적응하거나 새로운 환경을 창조해내는 능력이 있다.

– 벌허스 프레더릭 스키너Burrhus Frederic Skinner, 행동주의 심리학자

＊진정한 마음의 평화를 얻고자 한다면 자신이 원하는 일을 해야 한다.

– 에이브러햄 매슬로Abraham H. Maslow, 욕구단계설의 주창자

＊진정한 행복이란 자신의 대표적인 강점을 찾아내 일, 사랑 등 일상에서 매일 발휘하면서 기쁨과 만족을 경험하는 것이다.

– 마틴 셀리그먼Martin E. P. Seligman, 긍정심리학의 대가

＊실패하는 법을 배워라, 아니면 배우는 데 실패할 것이다.

– 탈 벤 샤하르Tal Ben Shahar, 하버드대 긍정심리학 교수

참고문헌

1. 《심리분석의 기술心理分析術》. 이둥易東 지음. 베이징 중국방직출판사. 2012.

2. 《프로이트의 심리분석기법弗洛伊德心理分析術》. 왕바오헝王保衡 지음. 난징 봉황출판사. 2013.

3. 《심리분석과의 만남相遇心理分析: 移情與人際關係》. 마리오 제이코비Mario Jacoby 지음. 광저우 광둥교육출판사. 2007.